读·品·悟快乐阅读系列

◎丛书主编：向启新

人生卷

风不能把阳光打败

◎本书主编：张忠义

花山文艺出版社

河北·石家庄

图书在版编目（CIP）数据

风不能把阳光打败：人生卷 / 向启新主编. -- 石家庄：花山文艺出版社，2004（2024.6 重印）
（"读品悟"快乐阅读系列）
ISBN 978-7-80673-554-1

Ⅰ. ①风… Ⅱ. ①向… Ⅲ. ①散文－作品集－中国－当代 Ⅳ. ①I267

中国版本图书馆CIP数据核字(2004)第111957号

丛 书 名：　"读品悟"快乐阅读系列
丛书主编：　向启新
书　　　名：　**风不能把阳光打败：人生卷**
FENG BUNENG BA YANGGUANG DABAI: RENSHENG JUAN

本书主编：张忠义

策　　划：张采鑫
责任编辑：李倩迪
特约编辑：李文生
装帧设计：北京九洲鼎图书有限公司
美术编辑：王爱芹
出版发行：花山文艺出版社（邮政编码：050061）
　　　　　（河北省石家庄市友谊北大街330号）
销售热线：0311-88643299/96/17
印　　刷：三河市中晟雅豪印务有限公司
经　　销：新华书店
开　　本：710mm×1000mm　1/16
印　　张：10
字　　数：180千字
版　　次：2004年12月第1版
　　　　　2024年6月第5次印刷
书　　号：ISBN 978-7-80673-554-1
定　　价：49.80元

人生卷

学海点悟

　　有人说，人的一生只有三天——昨天、今天和明天。这正是人生的浓缩、人生的凝练。

　　昨天，一去不复返。两千五百多年前，孔子站在江边望着滔滔江水，感慨"逝者如斯夫，不舍昼夜"。是啊，时光如流水，无法挽留，过去的成功与失败，欢乐与泪水，都已成为历史。

　　今天，今天是联结昨天和明天的纽带。昨天以今天为归宿，明天又以今天为渊源，昨天和明天凭借有今天以成其连续，以成其永远，以成其无始无终的大实在。李大钊说："我以为世间最宝贵的就是'今'，最易丧失的也是'今'。"时光不会倒流，过去的将永远过去，今天将不断沦为昨天，但比起昨天和明天，今天才是真正重要的。

　　明天，明天并不遥远。当黎明的第一道曙光射进你蒙眬的睡眼，明天就到了。岁月流淌，明天并不用你去等，它自己会来的。

　　也有人说，人生如四季。春夏秋冬，周而复始，是自然界的四季，而一个人的生命是不可能周而复始，回环往复的，我们只有一次权利，只要认真地活，勇敢地做,生命就是有意义的。

人生卷包括"生命的姿势"、"幸福畅想"、"精神的滋味"和"在岁月中穿行"等四个主题。选文题材丰富,意境优美,意义深刻,似春雨般无声无息感染着读者。

"生命的姿势"篇里有生命的姿势,生命的抉择,生命的礼赞,生命的借贷,生命的追悔,生命的慨叹……《学校里老师不教的几件事》教会你许多生活的道理,周围形形色色的人都是你的老师;成了名人也不要改变自己,保持自己的质朴本色;当一回"傻子",当一回可爱的"傻子";能做到和好朋友吵架,才是一种成熟的交友方式;笑着往前跑,这是一种高尚的人生境界。《谈生命》其实是赞美生命,生命就像东流的一江春水,一路越过艰难险阻,快乐勇敢地向前奔流,生命像一棵小树,吸收空气,承受阳光,在雨中吟唱,在风中跳舞,有着顽强的生长力量。

"幸福畅想"篇向你阐述什么是幸福,什么是快乐,如何选择,如何获得。钱锺书先生的《论快乐》充满哲辨思想,快乐很"快",快乐好比引小孩子吃药的方糖,更像跑狗场里诱狗赛跑的电兔子,精神是一切快乐的根据,精神的炼金术能使肉体痛苦都变成快乐的资料。《何谓幸福》《幸福的篮子》向你揭示:幸福是心灵的,是让人心情舒畅、称心如意的境遇,生活是幸福、快乐的。能从事自己所喜欢,所钟爱的事业也是幸福、快乐的,如罗兰所写《想到就做》。

"精神的滋味"篇有滋有味,谭延桐的《精神决斗》向你讲述有思想上的矛盾,就有精神上的决斗,精神决斗所使用的"武器"必须依靠自己来养成,靠自己学习、积累和培养。"精神决斗"能使人的生命更完美,能使世界更美好。《青春如梦》让你更加理解、认识青春的魅力,珍惜如梦般的青春。人生坎坷,人生旅途要靠沉重的脚步老老实实地挪向前,陆文夫的《脚步声》正是赞扬了这种精神。

"在岁月中穿行"篇中有温柔的老师,母亲和妻子,还有学生。尧山壁《理发的悲喜剧》所叙述的事件特别新颖,抒发的感情也特真挚感人。琼瑶《剪不断的乡愁》充溢着一股剪不断的浓烈的思乡之情,感染着无数海外华人的心灵。

读完本篇,你会更加理解人生,领悟人生,升华人生的境界。

目 录

一、生命的姿势

作文链接

二、幸福畅想

作文链接

三、精神的滋味

作文链接

四、在岁月中穿行

作文链接

生命的姿势

人生卷

寻找属于自己的永恒与辉煌

体现生命的价值

友人告诉我：生命是崎岖坎坷的路。

老师告诉我：生命是一场充满遗憾和拼搏的较量。

父母告诉我：生命是一盘漫长的棋局。

风对我耳语：生命是我这样轻盈岁月。

雨对我歌唱：生命是我这样淋漓尽致。

雷对我咆哮：生命是如此的铿锵有力。

电对我眨眼：生命是如此的亮丽透明。

小草告诉我：生命就是一抹淡淡的绿意。

花儿告诉我：生命就是绽放时的多姿。

……

有了鲜花绿树，才有鸟语花香；有了蓝天白云，才有一望无垠；有了海涛浪花，才有烟波浩渺；把努力与汗水献给生命，这才是我们每一个人感悟生命时最好的礼物。

快乐阅读
kuai le yue du

年 感 /···梁 衡

　　钟声一响,已入不惑之年;爆竹声中,青春已成昨天。是谁发明了"年"这个怪东西,它像一把刀,直把我们的生命就这样一寸寸地剁去。可是人们好像还欢迎这种剁,还张灯结彩地相庆,还美酒盈杯地相贺。我却暗暗地诅咒:"你这个教我无可奈何的家伙!"

　　你在我生命的直尺上留下怎样的印记呢?

　　a.有许多地方是浅浅的一痕,甚至今天想来都忆不起是怎样划下来的。当小学生时苦等着下课的铃声,盼望着星期六的到来,盼着一个学年快快逝去。当大学生时,正赶上"文革"年代,整个乱哄哄地集会,莫名其妙地激动,慷慨激昂地斗争,最后又都将这些一把抹去。发配边疆,b.白日冷对大漠的孤烟,夜里遥望西天的寒星。——这许多岁月就这样在我的心中被烦恼地推开,被急切切地赶走了。年,是年年过的,可是除却划了浅浅的表示时间的一痕,便再没有什么。

　　但有的地方,却是重重一笔,一道深深的印记。当我学会用笔和墨工作,知道向知识的长河里吸取乳汁时,也就懂得了把时间紧紧地攒在手里。静静的阅览室里,突然下班的铃声响了,我无可奈何地合上书,抬头瞪一眼管理员。本是被拦蓄了一上午的时间,就让她这么轻轻一点,闸门大开,时间的绿波便洞然泻去,而我立时也成了一个被困在干滩上的鱼。当我和挚友灯下畅谈时,司马迁的文,陶渊明的诗,还有伽利略的实验,一起被桌上"滴答"的钟声搅拌成一首优美的旋律,我们陶醉,我们盼夜长,最好长得没底。c.而当我一人伏案疾书时,我就用锋利的笔尖,将一日、几时撕成分秒,再将这分分秒秒点豆种瓜般地填到稿纸格里。我拖着时间之车的轮,求她慢一点儿,不要这样急。但是年,还是要过的。记得我第一本书出版时,正赶上一个年头的岁末。我怅然对着墙上的日历,久久地像望着山路上远去的情人,望着她那飘逝的裙裾。但她也没有负我,留下了手中这本还散发着墨香的厚礼。这个年就这样难舍难分地送走了,生命直尺上用汗水和墨重重地画下了一笔。

想来孔夫子把四十作为"不惑"之年也真有他的道理。人生到此,正如行路爬山上了山巅,登高一望,回首过去,我顿然明白,原来狡猾的自然是悄悄地用一个个的年来换我们一程程的生命的。 d. 有那聪明的哲人,会做这个买卖,牛顿用他生命的第二三个年头换了一个"万有引力",而哥白尼已垂危床头,还挣扎着用生命的最后一年换了一个崭新的日心说体系。时间不可留,但能换得做成一件事,明白一个理,却永再不会失去。而我过去多傻,做了多少赔钱的,不,赔了生命的交易啊。假若把过去那些乱哄哄的日子压成一块海绵,浸在知识的长河里能饱吸多少汁液,假使把那寒夜的苦寂变为积极思索,又能悟出多少哲理。e. 时间这个冰冷却又公平的家伙,你无情,他就无意;可你有求,他就给予。人生原来就这样被年、月、时,一尺、一寸、一分地度量着。人生又像一枝蜡烛,每时都要做着物与光的交易。f. 但是总有一部分蜡变成光热,另一部分变成了泪滴。年,是年年要过的,爆竹是岁岁要响的,美酒是每回都要斟满的,不过,有的人在傻呵呵地随人家过年,有的却微笑着,窃喜自己用"年"换来的胜利。

这么想来,我真清楚了,真的不惑了。我不该诅咒那年,倒后悔自己的过去。人,假如三十或二十就能不惑呢? 生命又该焕发出怎样的价值?

与你共品

yu ni gong pin

又是一年一度的"年"节,面对四十年的岁月,作者感悟时间的无情,而"年"正是一把"刀",将我们的人生分成一段一段的。在年关之际,总结自己一年中的得失,是否抓紧了时间,做出了成绩,而没有留下遗憾。文章在感慨年华易逝时,劝君惜取时间,用汗水和努力来换得成功之意也就在不言之中了。

个性独悟

★文中画线句 a 处，为什么"有许多地方是浅浅的一痕，甚至今天想来都忆不起是怎样划下来的"？文中画线句 b 处，"白日冷对大漠的孤烟"是从王维哪几句诗化用而来的？

★文中 c 句表达了作者什么样的心情？

★画线句 d 处由牛顿和哥白尼的事例所产生的感受是什么？

★画线句 e 处，"你无情，他就无意；可你有求，他就给予"，如何理解？

★画线句 f 处，"但是总有一部分蜡变成光热，另一部分变成了泪滴"，如何理解？

快乐阅读

我的四季 / ···张 洁

生命如四季。

春天，我在这片土地上，用我细瘦的胳膊，紧扶着我锈钝的犁。深埋在泥土里的树根、石块，磕绊着我的犁头，消耗着我成倍的体力。我汗流浃背，四肢颤抖，恨不得立刻躺倒在那片刚刚开垦的泥土之上。可我懂得没有权利逃避，在给予我生命的同时所给予我的责任。我无须问为什么，也无须想有没有结果。我不应白白地耗费时间，去无尽地感慨生命的艰辛，也不应该自艾自怜命运怎么这样不济，偏偏给了我这样一块不毛之地。我要做的是咬紧牙关，闷着脑袋，拼却全身的力气，压到我的犁头上去。我绝不企望有谁来代替，因为在这世界上，每人都有一块必得由他自己来耕种的土地。

我怀着希望播种，那希望绝不比任何一个智者的希望更为谦卑。

每天，我望着掩盖着我的种子的那片土地，想象着它将发芽、生长、开花、结果。如一个孕育着生命的母亲，期待着自己将要出生的婴儿。我知道，人要是能够期待，就能够奋力以赴。

夏日，我曾因干旱，站在地头上，焦灼地盼过南来的风，吹来载着雨滴的云朵。那是怎样地望眼欲穿、望眼欲穿呐！盼着、盼着，有风吹过来了，但那阵风强了一点儿，把那片载着雨滴的云朵吹了过去，吹到另一片土地上。我恨过，恨我不能一下子跳到天上，死死地揪住那片云，求它给我一滴雨。那是什么样的痴心妄想！我终于明白，这妄想如同想要拔着自己的头发离开大地。于是我不再妄想，我只能在我赖以生存的这块土地上，寻找泉水。

没有充分的准备，便急促地上路了。历过的艰辛自不必说它。要说的是找到了水源，才发现没有带上盛它的容器。仅仅是因为过于简单和过于发热的头脑，发生过多少次完全可以避免的惨痛的过失——真的，那并非不能，让人真正痛心的是在这里：并非不能。我顿足，我懊恼我哭泣，恨不得把自己撕成碎片。有什么用呢？再重新开始吧，这样浅显的经验却需要比别人付出加倍的代价来记取。不应该怨天尤人，会有一个时辰，留给我检点自己！

我眼睁睁地看过，在无情的冰雹下，我那刚刚灌浆、远远没有长成的稻穗，在细弱的稻秆上摇摇摆摆地挣扎，却无力挣脱生养它、却又牢牢地锁住它的大地，永远没有尝受过成熟是怎么一种滋味，便夭折了。

我曾张开我的双臂，愿将我全身的皮肉，碾成一张大幕，为我的青苗遮挡狂风、暴雨、冰雹……善良过分，就会变成糊涂和愚昧。厄运只能将弱者淘汰，即使为它挡过这次灾难，它也会在另一次灾难里沉没。而强者却会留下，继续走完自己的路。

秋天，我和别人一样收获。望着我那干瘪的谷粒，心里有一种又酸又苦的欢乐。但我并不因我的谷粒比别人的干瘪便灰心或丧气。我把它们捧在手里，紧紧地贴近心窝，仿佛那是新诞生的一个自我。

富有善良的邻人，感叹我收获的微少，我却疯人一样地大笑。在这笑声里，我知道我已成熟。我已有了一种特别的量具，它不量谷物只量感受。我的邻人不知和谷物同时收获的还有人生。我已经经受过，恨过，欢笑过，哭泣过，体味过，彻悟过……细细想来，便知晴日多于阴雨，收获多于劳作。只要我认真地活过，无愧地付出过，人们将无权耻笑我是入不敷出的傻瓜，也不必用他的尺度来衡量我值得或是不值得。

到了冬日，那生命的黄昏，难道就没有什么事情好做？只是隔着窗子，看飘落的雪花、落寞的田野，或是那光秃的树枝上的数点寒鸦？不，我还可以在炉子里加上几块木柴,使屋子更加温暖;我将冷静地检点自己:我为什么失败,我做错过什么,我欠别人什么……但愿只是别人欠我,那最后的日子,便会心安得多!

再没有可能纠正已经成为往事的过错。一个生命不可能再有一次四季,未来的四季将属于另一个新的生命。

但我还是有事情好做,我将把这一切记录下来。人们无聊的时候,不妨读来解闷;怀恨我的人,也可以幸灾乐祸地骂声:活该! 聪明的人也许会说这是多余;刻薄的人也许会演绎出一把利剑,将我一条条地切割。但我相信,多数人将会理解,我们将会公正地判断我曾做过的一切。

在生命的黄昏里,哀叹和寂寞的,将不会是我!

与你共品
yu ni gong pin

　　作者认为人生如四季。春夏秋冬,周而复始,是自然界的四季,而作为一个生命是不可能再有一次四季的,我们只有一次生的权利,应怎样来度过这仅有一次的人生四季呢?文章告诉我们:只要认真地活过,无愧地付出过,人们将无权耻笑我。这也正如奥斯特洛夫斯基所说的:每当回忆往事的时候,能够不为虚度年华而悔恨,不因碌碌无为而羞愧。

个性独悟
ge xing du wu

　　★春天,"我"的犁耕遇到了怎样的困难?

　　★在寻找泉水的时候,又出现了什么问题?原因是什么?

　　★在夏的风暴中"我"曾怎样保护"我"的青苗的?这种做法对吗?为什么?在秋天,"我"的收获都有什么?

　　★第十一段"到了冬日……我将冷静地检点自己"这句话与上文哪句相照应?检点什么?

快乐阅读
kuai le yue du

不寻常的补偿 / ···柯 蓝

在旅游中,常常特别感动我的,并不一定是什么幽美的自然景色,而是另一种人的"景色"。

我从洛阳龙门石窟上,沿着台阶下来,已经一身大汗,腿也发酸了。抬头一看,在台阶下面的平地上,忽然有一个外国朋友,坐着轮椅,在原地转动。走近时,我才看清楚,这个外国游客是一个残疾人,他的双腿……当时第一个感觉,这个不能走路的人,怎么能够坐飞机,还坐火车出门的呢?接着,又感到,这么一个连路也不能走的人,他出来看什么山水名胜呢?晚上,回到宾馆,那位坐轮椅游龙门的外国朋友的影子,又显现在我的脑海里。也是直到这个时候,我才开始感到(认识到)这是一个多么令人感动的一种人的景色。这是一种超乎常情的"不寻常的补偿"。此刻,该轮到我对自己进行反思了。我感到一种羞惭与内疚。我有什么权利,用不屑的眼光去看他?

这件事情,我后悔了很久。可是没有想到,这种同样的事情,我又重演了。

那是我和文秋一起参加桂林首届旅游笔会。桂林山水甲天下。三十年前我俩和白杨、蒋君超夫妇同游过漓江,坐着小木船去阳朔。晚上住宿在木船上,江上的明月,水影中的群山,景色之幽美,至今令人倾倒。而现在出现了汽轮游漓江,这种景色已不可能重复看到,令人更觉珍惜。三十年后我俩和一同参加笔会的老诗人公木夫妇,又一同游了漓江,也游览了桂林有名的溶洞——芦笛岩。这是我第一次来时还没有发现的一个大溶洞。景色自然幽美,但却使我又看到了比自然景色更优秀的"人的景色"。

我们一行人，已经随着讲解员，在芦笛岩洞里，在极微弱的暗光中，依次前进。人多极了。暗光中人头一片，脚底下高低不平的石路，由于潮湿、积水，有人在轻轻叮嘱："小心，当心路滑。"我虽然不担心路滑，却感到光线如此黑暗，仿佛自己成了一个盲人。正在我十分困惑的时候，身边挤过来两个拿着竹竿探路的人，凑近一看，原来是两个盲人。这太叫我意外了。两个盲人，怎么来旅游，又怎么来看溶洞？"你们怎么想起要到桂林旅游？""听说山水好，特别是溶洞，中外闻名！"我没有问出要领，也不好意思再直截了当地说出我的看法。这回，出于对这两人热爱桂林山水、热爱生活的赤诚的敬慕，我敬重他们不辞艰苦，出门旅游的决心和毅力。我沉默下来了，但我的内心却固执地认为，在龙门遇到的那位失去双腿的游客，他至少能看个明白，对名胜古迹还可以做到不虚此行，而这两位盲人，在这黑暗的溶洞中，不是同在他那个不可改变的黑暗世界中一样吗？又何必多此一举。

我这么想下来，便跟在这两位盲人兄弟的后面，随着人群，随着讲解员一程一程忽上忽下地前进，参观中叫我奇怪的是，这两位盲人反应强烈。每到一景，听到讲解员报名，他俩就哈哈大笑起来，好像比谁都看得清楚，领略得又深又快。我对他俩这种异常的对景物欣赏的能力，感到十分震惊。从进口一直到溶洞的出口，在他俩不断的笑声中，还夹杂着一些听不清的对话，看来他俩还在悄悄议论着他们所"看"到的溶洞……

在洞口和这两位盲人告别之后，我坐在返回宾馆的汽车上，这回又该轮到我反思了。这两位盲者充满着对光明对美的追求的激情，他们充满着想象。他们已经透过包围他们的黑暗世界，看到了比我们更光明更美好的东西，至少比我们看到的更要丰富、多样。这，是他们从另一个方面找到了超额的补偿。这是人的生命力的奥秘。盲人失去两眼，那么，他们听觉加倍地灵敏，甚至他的手指的感触，也会在某些方面起到眼睛的作用。至于像他们这样，居然能够欣赏山川名胜，说明这种补偿能力，已达到了一种惊人的程度。这，不是比任何自然景色更美，更动心的人的景色么？

生活中以致到艺术品中，有一种缺陷美。对于有缺陷的现象，在人力进行追求补偿时，所呈现出的美，常常被我们忽略，这是很不应该的。龙门石窟和桂林溶洞之游，不仅大自然教会了我勇敢、开阔，而且上述亲眼所见的残疾人所追求的补偿，更教会了我如何开拓自己生命力所形成的局限。谁的潜力冲击发挥得最充分，谁就幸福。

风不能把阳光打败

与你共品
yu ni gong pin

在龙门石窟中见到坐在轮椅上的游客已让人感到吃惊,而在桂林的溶洞中见到两位盲人兄弟就更让人感到匪夷所思了。这真是不可思议的事吗?不,这是另一种人的"景色",一种比自然景色更优秀的"人的景色"。文章以此挖掘开来,阐释着生活的哲理。读完这篇文章,你从中能感受到怎样的启发呢?

个性独悟
ge xing du wu

★第二自然段为什么说"这是一个多么令人感动的一种人的景色"?我"羞惭"与"内疚"的是什么?

★第五自然段中"依次"一词说明了什么?这样写的目的是什么?

★为什么说那两个盲人看到的"至少"比我们看到的更要丰富多样?

★读完全文后你怎样理解题目上的"不寻常"?

快乐阅读
kuai le yue du

善待"对手"/ ···李智仁

日本的北海道出产一种味道珍奇的鳗鱼,海边渔村的许多渔民都以捕捞鳗鱼为生。鳗鱼的生命非常脆弱,只要一离开深海区,要不了半天就会全部死亡。奇怪的是有一位老渔民天天出海捕捞鳗鱼,返回岸边后,他的鳗鱼总是活蹦乱跳的。而其他几家捕捞鳗鱼的渔户,无论如何处置捕捞到的鳗鱼,回港后都全是死的。由于鲜活的鳗鱼价格要比死亡的鳗鱼几乎贵出一倍以上，所以没几年工夫，老渔民一家便成了远近闻名的富翁。周围的渔民做着同样的营生，却一直只能维持简单的温饱。老渔民在临终之时，把秘诀传授给儿子。原来，老渔民使鳗鱼不死的秘诀，就是在整舱的鳗鱼中，放进几条叫狗鱼的杂鱼。鳗鱼与狗鱼非但不是同类，还是出名的"对头"。几条势单力薄的狗鱼遇到成舱的对手，便惊慌地在鳗鱼堆里四处乱窜，这样一来，反倒把满满一舱死气沉沉的鳗鱼全给激活了。

加州的《动物保护》杂志也介绍过一则类似的故事：在秘鲁的国家级森林公园，生活着一只青年美洲虎。由于美洲虎是一种濒临灭绝的珍稀动物，全世界现在仅存 17 只，为了很好地保护这只珍稀的老虎，秘鲁人在公园中专门辟出了近 20 平方公里的森林作为虎园，还精心设计和建盖了豪华的虎房，好让它自由自在地生活。虎园里森林茂密，百草芳菲，沟壑纵横，流水潺潺，并有成群人工饲养的牛、羊、鹿、兔供老虎尽情享用。凡是到过虎园参观的游人都说，如此美妙的环境，真是美洲虎生活的天堂。然而，让人感到奇怪的是从没有人看见美洲虎去捕捉过那些专门为它预备的"活食"，也从没有人看见它王者之气十足地纵横于雄山大川，啸傲于莽莽丛林，只是耷拉着脑袋，睡了吃，吃了睡，一副无精打采的熊样。有人说它大约是太孤独了，若有个伴儿，兴许会好一些。于是，政府又通过外交途径，从哥伦比亚租来一只母虎与它做伴，但结果还是老样子。

一天，一位动物行为学家到森林公园来参观，见到美洲虎那副懒洋洋的样儿，便对管理员说，老虎是森林之王，在它所生活的环境中，不能只放上一群整天只知道吃草，不知道猎杀的动物。这么大的一片虎园，即使不放进去几只狼，至少也应放上两只豺狗，否则，美洲虎无论如何也提不起精神。

管理员们听从了动物行为学家的建议，不久便从别的动物园引进了几只美洲豹投放进了虎园。这一招果然奏效，自从美洲豹进虎园的那天，这只美洲虎就再也躺不住了。它每天不是站在高高的山顶愤怒地咆哮，就是有如飓风般俯冲下山冈，或者在丛林的边缘地带警觉地巡视和游荡。老虎那种刚烈威猛、霸气十足的本性被重新唤醒。它又成了一只真正的老虎，成了这片广阔的虎园里真正意义上的森林之王。

一种动物如果没有对手，就会变得死气沉沉。同样，一个人如果没有对手，那他就会甘于平庸，养成惰性，最终导致庸碌无为。一个群体如果没有对手，就会因为互相依赖和潜移默化而丧失活力，丧失生机。一个政体如果没有了对手，就会逐渐走向懈怠，甚至走向腐败和堕落。一个行业如果没有了对手，就会丧失进取的意志,就会因为安于现状而逐步走向衰亡。鳗鱼因为有了狗鱼这样的对手,才长久地保持着生命的鲜活。美洲虎因为有了美洲豹这样的对手,才重新找回了逝去的光荣。有了对手,才会有危机感,才会有竞争力。有了对手,你便不得不奋发图强,不得不革故鼎新,不得不锐意进取,否则,就只有等着被吞并,被替代,被淘汰。

许多人都把对手视为心腹大患,是异己,是眼中钉、肉中刺,恨不得马上除之而后快。其实这只要反过来仔细一想,便会发现拥有一个强劲的对手,反而倒是一种福分,一种造化。因为一个强劲的对手,会让你时刻有种危机四伏的感觉,它会激发起你更加旺盛的精神和斗志。

善待你的对手吧! 千万别把他当成"敌人",而应该把他当做是你的<u>一剂强心针</u>,<u>一副推进器</u>,<u>一个加力挡</u>,<u>一条警策鞭</u>。

善待你的对手吧!因为他的存在,你才会永远是一条鲜活的"鳗鱼",你才会永远做一只威风凛凛的"美洲虎"。

与你共品
yu ni gong pin

在常人的心目中,"对手"自然就是竞争的敌人;既然是敌人,就应该"除之而后快"。本文引证自然界中的实例从一个全新的角度,提出了一个新的命题:请善待你的对手。在一个提倡公平竞争的社会里,保持这一种良好的心态是很有积极意义的。

个性独悟
ge xing du wu

★阅读全文后,你觉得题目中"善待"的意思是什么?
★文章是怎样描写美洲虎没有对手时和有对手时的不同状态的?
★人如果没有对手,将会变成怎样的状态?
★画线的语句采用了什么修辞手法?

学校里老师不教的几件事／··· [日] 中谷彰宏

生命的姿势

以周围所有的人为师

怎样能过自己想要过的生活呢?

只要能遇到好老师。所谓遇到好老师,其实就是要以周围所有的人为师。

在自己的周围总有形形色色的人。有的人一辈子只能有一次相遇,也有的人每天抬头不见低头见。你的老师就在这些人中间。

说是老师,但感觉上总像是在说"师傅"。

在公司里也是,把上下级的关系当做师生之间的关系来处理,工作的作风也会大大改变的。

关键在于能否遇到一个人,使你产生"跟着这个人能学到这些"之类的感觉。

不要只在以教师为职业的人中寻找,而是在所有的人中寻找能成为自己的老师的人。有的人说怎么都找不到老师,这个人一定正在寻找中。谁都能成为你的老师。

找寻时,不能总是想"没有一位好老师出现吗",应该每天都能在碰到的人中觉得有一位"跟着他能学到这些",或是,跟着他"学到了不少东西"。

如果能遇到这样的人,人生会有更多的乐趣。

邂逅的,都是你的恋人;邂逅的,都是你的老师。

成了名人也不要改变自己

大鲁虽然走红了,但他还总是坐电车去电台上班。"中谷,你来看。嘻嘻嘻!"大鲁拿出到涉谷的月票给我看。

我也很喜欢大鲁送的贺年卡,开玩笑说:"大鲁,你还送那种贺卡?又是和家里人一起在屋后的公园里拍的吧。"

我看着大鲁的贺卡,忍不住就笑了:和平时一样,两个孩子、妻子和大鲁四个人在屋后的公园里拍的照片。

而大鲁就拿这样一般人都会觉得不好意思的照片来做了他独特的贺卡，这大概正是大鲁让人欣赏之处吧。

走红以后，大鲁还很亲切地对我说："真希望有机会再一起主持电台的直播呀！"

他演出了 NHK 的大型系列历史剧后，不久又和我一起合作主持了电台的直播节目。

"大鲁，他已经四十出头了吧，还穿这种泳裤？简直傻透了。""这种年纪怎么了，别说这种蠢话了吧。"他生气地瞪着我。成了明星以后，他仍然坚持一条泳裤配一双黑皮鞋和黑袜子，毫无改变，真是酷极了。

"要知道 Life is once。"他立刻又开始了说教，真是没办法。

含着眼泪说教这一点，他也是和从前一样呢。

当一回傻子

我曾经在博报堂工作过一段时间，最先跟的老师是藤井达郎先生。他是一位制作过很多著名广告的天才。

广告业界完全是不折不扣的师徒制，而藤井先生与我正是这样的师徒关系。

新人就好像棒球中的投手，虽然速度很快，却不知道该如何控制。所以，对于这样的新职员，上司总是教导他们学会如何控制自己。但是藤井先生却不曾这样指导过我们，因为学会了控制后的投手往往丧失了速度。投手学会了投曲线球且不再以直球来决胜负后，其表演就渐渐失去了刺激。幸运的是藤井先生教导我说："别刻意地控制自己。"

我知道藤井先生喜欢创意多多，为了让先生高兴，我往往绞尽脑汁地想各种主意，多多益善。如果先生希望我拿出 300 个创意，我就会尽量想出 400 个来。他总是笑眯眯地挑选着。创意，有时就像擦边球，自己觉得很有意思，但弄不好就会触怒某些人。即使是这样擦边球似的创意也会得到藤井先生的首肯。

藤井先生把我带去的创意原稿团团摊开，围在身边，一边看，一边排出一些"擦边球"，笑着说："尽干傻事，再去想想。"在先生面前，我就像一个可爱的傻子。但我愿意做傻子，这对作为弟子的我来说，是受益无穷的。

不幸的是我只跟了藤井先生一年，他便去世了。反过来看，大概正因为只跟了一年，才会觉得他是位好老师吧。

我多么幸运遇上这样不可替代的好老师!

脑中总是浮出藤井先生的话:"别说傻话了。"

在温柔中成长

阿武是像联欢会的干事这样的人。

对阿武,有一件事我非常感谢。有一次,我在家中接到一位女演员的电话:"现在我和阿武一起去吃饭,你不来吗?""非常荣幸,请问饭店的名字是……"

我不好意思耽误别人的时间,所以只问了饭店的名字,然后想自己查了电话号码,直接打电话到店里去问店址。

"请等一下,换一位知道店址的人来讲吧。"然后另外一个人在电话中向我详细地说明了饭店的情况。

一开始我以为是阿武军团的某人,仔细一听却发现原来竟是阿武本人,他非常耐心亲切地说给我听。

像阿武这类的人物,一般是不会这样做的。

若以公司作比,他的地位是相当于大企业的社长。这种工作一般是应该由秘书部门主管这样的人来做的;秘书如果不在,只要告诉饭店的名字和电话号码,说"自己去查一下吧"就行了。

蒙他邀请我一起吃饭,已经是万分荣幸了。

如果反过来,要是我处于阿武的地位,恐怕我就只是让对方自己去查一下算了。

学会温柔,也是走向成熟的一个阶梯。

和好朋友吵架

"今宵不眠"是一档彻夜转播的综艺节目。这档节目的播出时间是凌晨1点到早上6点半。6点半演出结束后,大家并不立刻回家,而是举着啤酒罐坐在还没有开始营业的食堂中,余兴未尽的人继续兴致勃勃地论战着。

因为聚集在这里的人个个能言善辩,所以只在直播时间里讨论一下是无论如何也不能尽兴的。

在制作节目时,导演总是说"等等",把正在讨论的话题打断。摄像师会故意拍下谈话被不期然打断时那气得太阳穴直跳却又强自压抑、无可奈何的神情。这是一种语言的较量。

"今宵不眠"是没有剧本的，只在正式开播前送来的白纸上写有席位顺序，然后作为裁判的田原总一郎就出现了。

田原控制局面的技巧是一流的，所以有时也故意放纵一些行事鲁莽的辩论者胡闹一下。在那个节目中唇枪舌剑、寸步不让的人往往是好朋友。因为能在论战中互相攻击，所以不可能关系很恶劣。

正相反，真正关系恶劣的人往往在节目中扮成好朋友。日常生活也是如此。

只有对对方的弱势和优势了如指掌才有可能一击而中，引发舌战，较量也是如此。

如果不知底细，是不可能做到这一点的；如果不知底就吵不起来。

大岛导演和西部迈总是有舌战，他们却是好朋友；外添要一和栗本慎一郎也经常在吵架，实际上却很要好。

即使在节目中谈论了5个小时还觉得不尽兴的人可以结束后继续谈论下去。

那些场面如果被播放出来也是很有意思的，与正式表演不同的是，正式表演时是一团和气。

如果因为吵架就不能和人做好朋友，那不是成熟的交友方式。

有的人在别人看来势如水火，实际上却是一对恋人。

笑着往前跑

与上岗龙太郎有交往的人都会被邀请参加全程马拉松赛跑的，不是勉勉强强地参加的，而是因为深受感动，被带入了他的那个世界中去。

上岗主持的元旦马拉松大会上，我也参加了赛跑，一到赛跑现场，我的泪就不由自主地流了下来。

上岗说的话很让人感动，他能言善辩。说到与马拉松有关的事，他更是极尽其语言艺术的魅力。

"将要冲线时，我已累得一塌糊涂，但心中却是一片空灵。我还想再继续跑下去，跑下去，永远不停地继续跑。一想到不能停止跑步，就忍不住想要转身，跑到离那条绳子越远越好。"听他这样说，就是光看看他那时的样子，也是让人非常感动的。

一看到电视上转播马拉松，我就会一直看下去，不结束不放手。笑星们总是在奔跑着的，因为没有笑星的世界更孤独的了。

即使是笑星们的马拉松大赛,西部的大阪与东京的差距也是很明显的。西部的笑星运动员们不会拼命地在跑,不,是在拼命地跑,但外表上绝对看不出来。

关西人说东京人是很要面子的,但是因为不愿表现出拼命地跑的样子,关西人实际上才最虚荣。那份拼命是藏在心底的。

上岗龙太郎在实况转播时,自己为自己解说:"还有42.195公里呢!"间宽平也是边跑边不忘向沿路的人做鬼脸,逗笑说"嗨嗨嗨"!

因此,若能看得出用力在跑的话,不能想象暗地里已经用了多少力气!

关西人的美学认为表现出拼命的样子是很不体面的,但不能因此就说他们没有拼命。

一边拼命,一边还在故作轻松。

这也是一种境界。

与你共品
yu ni gong pin

这是一组很有见地很有思想很有教益的文章,《以周围所有的人为师》讲的是求师的事,《论语》中早就有"三人行,必有吾师"的求师之道,正确的求师之道会使人加快前进的步伐。《成了名人也不要改变自己》讲述了大鲁的贫民本色,其实这正是人最可贵之处,成了名人改变自己的颇多,所以可以把此文当做座右铭。《当一回傻子》讲的是在先生面前,做一个可爱的傻子,对老师的尊重洋溢于文中。《在温柔中成长》讲述了有一定地位的阿武是如何富有耐心,其中也有"我"的反思。《和好朋友吵架》讲述了成熟的交友方式。《笑着往前跑》讲述了人生的一种境界。愿同学们多多掌握学校里老师不教的几件事。

个性独悟
ge xing du wu

★"所谓遇到好老师,其实就是要以周围所有的人为师",《论语》中也有类似的说法,请你写出类似的这句话。"以周围所有的人为师"的关键因素是什么?

★怎样理解"如果能遇到这样的人,人生会有更多的乐趣"?"邂逅的,都是你的恋人"与"邂逅的,都是你的老师"两句间有着怎样的关系?

★大鲁虽然走红了,但他没有改变自己表现在哪些方面?为什么说"这大概正是大鲁让人欣赏之处吧"?

★怎样理解"在温柔中成长"一节与总题目《学校里老师不教的几件事》有哪些关系?"学会温柔,也是走向成熟的一个阶梯",阿武的行为能用"温柔"去理解吗?

★怎样看待、理解"在节目中唇枪舌剑、寸步不让的人往往是好朋友","真正关系恶劣的人往往在节目中扮成好朋友,日常生活也是如此"?为什么说"如果因为吵架就不能和人做好朋友,那不是成熟的交友方式"?

★为什么说"听他这样说,就是光看看他那时的样子,也是让人非常感动的"?为什么说"一边拼命,一边还在故作轻松,这也是一种境界"?

快乐阅读
kuai le yue du

人生需要"晴天霹雳" / ··· 姜 夔

澳大利亚作家安德鲁·马修斯曾经说过这样一句话:人生需要"晴天霹雳"。对于世世代代祈祷"平安是福"的人们来说,这简直是一个悖论。众所周知,晴天霹雳是比喻突然发生令人震惊的事情,或意想不到的灾祸。难道人生需要突如其来的灾祸袭击么?

不过,掩卷沉思,又仿佛悟出此"悖论"蕴蓄着深刻的人生哲理,正所谓"暑极不生暑而生寒,寒极不生寒而生暑",灾祸是幸福的依托之基,幸福又是灾祸的埋藏之所。人世的绝景、奇异的风光、绚丽的火花,大都是经历"晴天霹雳"般的灾祸磨难后而诞生,见过黄山天柱峰悬崖绝壁上的扇子松吧,那是山崩地裂、惊雷断干后以不死之根须扎入石缝重振雄风的绝有景观;见过福建东山岛海滨石崖上的风动石吧,那是面临颠覆性海潮的疯狂扑打,而以不足1米的接触面高擎200余吨的"石桃"而展示的雄姿!

"晴天霹雳"能打破平庸而诞生卓越,能驱逐安逸而唤醒拼搏,能撕碎悲哀而孕育猛志,能告别幼稚而走向成熟。正如雨果所言:"绝境和不幸能分娩高尚的灵魂和精神的力量,灾祸是傲骨的奶娘,祸患是豪杰的最好乳汁。"

纵观古今中外,因"晴天霹雳"的灾祸而呕血书写优秀人生的人物不胜枚举:司马迁宫刑而作《史记》,屈原放逐而赋《离骚》,列宁被流放西伯利亚而写《俄国资本主义的发展》,爱迪生在逃出大火灾三个星期后就开始着手推出他的第一部留声机,林肯9岁丧母后在雪上加霜的日子里立志经商,鲍勃·威兰德失去双腿之后而成为美国"最能创造奇迹"的人物。

人生总要经历各种各样的打击、挫折、灾祸和磨难的,人们往往能承受缓慢渐至的痛苦,而对猝然而至、始料不及的"晴天霹雳"却惊慌失措、悲伤绝望,甚至黑暗笼罩了心灵,似乎人生走到了尽头。

生活中有这样一件事,三年前,一场意想不到的火灾烧毁了某市富人区的两幢别墅,两家的大人皆在火中丧生,全部的财富化为一片瓦砾,幸好两家人上高中的孩子皆在贵族学校住宿。噩耗传来,孩子都惊呆了,A孩子呼天抢地地恸哭,似乎世界已到了末日,并由此而一蹶不振,辍学后流落街头成为精神失常的人;而B孩子擦干眼泪后,很快变成了另外一个人,生活上节俭朴素,学习更加刻苦努力,以"头悬梁,锥刺股"般的精神跨入全校优秀学生的行列,一年后,考进北京大学。

谁都不愿意生活中发生"晴天霹雳"般的灾祸。然而命运老是喜欢捉弄人的,寄望人生是一支舒适、轻快的乐曲只是一种幻想。因此,人们必须具备一种能应付逆境的积极态度,让我们记起屠格涅夫的告诫吧,"你想成为幸福的人吗?那你首先要学会吃苦。"

风不能把阳光打败

与你共品
yu ni gong pin

　　"晴天霹雳"能打破平庸而诞生卓越,能驱逐安逸而唤醒拼搏,能撕碎悲哀而孕育猛志,能告别幼稚而走向成熟。文章告诉我们如果你想拥有一个幸福的人生就要学会以积极的态度应付苦难。

个性独悟
ge xing du wu

　　★为什么说"人生需要'晴天霹雳'"?用第二段中一句话作答。
　　★扇子松和风动石的奇异风光能证明"人生需要'晴天霹雳'"这一观点吗?为什么?
　　★文章点明主旨的句子是哪一句话?
　　★文中两个高中生的事例证明了什么观点?

快乐阅读
kuai le yue du

渐／···丰子恺

　　使人生圆滑进行的微妙的要素,莫如"渐";造物主骗人的手段,也莫如"渐"。在不知不觉中,天真烂漫的孩子"渐渐"变成野心勃勃的青年;慷慨豪侠

的青年"渐渐"变成冷酷的成人；血气旺盛的成人"渐渐"变成顽固的老头子。因为其变更是渐进的，一年一年地、一月一月地、一日一日地、一时一时地、一分一分地、一秒一秒地渐进，犹如从斜度极缓的长远的山坡上走下来，使人不察其递降的痕迹，不见其各阶段的境界，而似乎觉得常在同样的地位，恒久不变，又无时不有生的意趣与价值，于是人生就被确实肯定，而圆滑进行了。假使人生的进行不像山坡而像风琴的键板，由 do 忽然移到 re，即如昨夜的孩子今朝忽然变成青年；或者像旋律的"接离进行"地由 do 忽然跳到 mi，即如朝为青年而夕暮忽成老人，人一定要惊讶、感慨、悲伤，或痛感人生的无常，而不乐为人了。故可知人生是由"渐"维持的。这在女人恐怕尤为必要：歌剧中，舞台上的如花的少女，就是将来炉火旁边的老婆子，这句话，骤听使人不能相信，少女她不肯承认，实则现在的老婆子都是由如花的少女"渐渐"变成的。

人之能堪受境遇的变衰，也全靠这"渐"的助力。巨富的纨绔子弟因屡次破产而"渐渐"荡尽其家产，变为贫者；贫者只得做佣工，佣工往往变为奴隶，奴隶容易变为无赖，无赖与乞丐相去甚近，乞丐不妨做偷儿……这样的例，在小说中，在实际上，均多得很。因为其变衰是延长为十年二十年而一步一步地"渐渐"地达到的，在本人不感到什么强烈的刺激。故虽到了饥寒病苦刑答交迫的地步，仍是熙熙然贪恋着目前的生的欢喜。假如一位千金之子忽然变了乞丐或偷儿，这人一定愤不欲生了。

这真是大自然的神秘的原则，造物主的微妙的工夫！阴阳潜移，春秋代序，以及物类的衰荣生杀，无不暗合于这法则。由萌芽的春"渐渐"变成绿阴的夏；由凋零的秋"渐渐"变成枯寂的冬。我们虽已经历数十寒暑，但在围炉拥衾的冬夜仍是难于想象饮冰挥扇的夏日的心情；反之亦然。然而由冬一天一天地、一时一时地、一分一分地、一秒一秒地移向夏，由夏一天一天地、一时一时地、一分一分地、一秒一秒地移向冬，其间实在没有显著的痕迹可寻。昼夜也是如此，傍晚坐在窗下看书，书页上"渐渐"地黑起来，倘不断地看下去（目力能因光线的渐弱而渐渐加强），几乎永远可以认识书页上的字迹，即不觉昼之已变为夜。黎明凭窗，不瞬目地注视东天，也不辨自夜向昼的推移的痕迹。儿女渐渐长大起来，在朝夕相见的父母全不觉得，难得见面的远亲就相见不相识了。往年除夕，我们曾在红蜡烛底下守候水仙花的开放，真是痴态！倘水仙花果真当面开放给我们看，便是大自然的原则的破坏，宇宙的根本的摇动，世界人类的末日临到了！

"渐"的作用，就是用每步相差极微缓的方法来隐蔽时间的过去与事物的变迁的痕迹，使人误认其为恒久不变。这真是造物主骗人的一大诡计！这有一件比喻的故事:某农夫每天早晨抱了犊而跳过一沟,到田里去工作,夕暮又抱了它跳过沟回家。每日如此,未尝间断。过了一年,犊已渐大,渐重,差不多变成大牛,但农夫全不觉得,仍是抱了它跳沟。有一天他因事停止工作,次日再就不能抱了这牛而跳沟了。造物的骗人,使人流连于其每日每时的生的欢喜而不觉其变迁与辛苦,就是用这个方法的。人们每日的抱了日重一日的牛而跳沟,不准停止。自己误以为是不变的,其实每日在增加其苦劳!

我觉得时辰钟是人生的最好的象征了。时辰钟的针,平常一看总觉得是"不动"的;其实人造物中最常动的无过于时辰钟的针了。日常生活中的人生也如此,刻刻觉得我是我,似乎这"我"永远不变,实则与时辰钟的针一样的无常!一息尚存,总觉得我仍是我,我没有变,还是流连着我的生,可怜受尽"渐"的欺骗!

"渐"的本质是"时间"。时间我觉得比空间更为不可思议,犹之时间艺术的音乐比空间艺术的绘画更为神秘。因为空间姑且不追究它如何广大或无限,我们总可以把握其一端,认定其一点。时间则全然无从把握,不可挽留,只有过去与未来的渺茫之中不绝地相追逐而已。性质上既已渺茫不可思议,分量上人生也似乎太多。因为一般人对于时间的悟性,似乎只够支配搭船乘车的短时间;对于百年的长期间的寿命,他们不能胜任,往往迷于局部而不能顾及全体。试看乘火车的旅客中,常有明达的人,有的宁牺牲暂时的安乐而让其座位于老弱者,以求心的太平(或博暂时的美誉);有的见众人争先下车,而退在后面,或高呼"勿要轧,总有得下去的!""大家都要下去的!"然而在乘"社会"或"世界"的大火车的"人生"的长期的旅客中,就少有这样的明达之人。所以我觉得百年的寿命,定得太长。像现在的世界上的人,倘定他们搭船乘车的期间的寿命,也许在人类社会上可减少许多凶险残惨的争斗,而与火车中一样的谦让、和平,也未可知。

然人类中也有几个能胜任百年的或千古的寿命的人。那是"大人格","大人生"。他们能不为"渐"所迷,不为造物所欺,而收缩无限的时间与空间于方寸的心中。故佛家能纳须弥于芥子。中国古诗人(白居易)说:"蜗牛角上争何事?石火光中寄此身。"英国诗人也说:"一粒沙里见世界,一朵花里见天国;手掌里盛住无限,一刹那便是永劫。"

与你共品
yu ni gong pin

选自丰子恺的散文随笔《缘缘堂随笔》。本文对"渐"进行了深刻透辟的分析,提示人们注意"渐"的微妙变化,不为"渐"所迷,不为造物所欺,收缩无限的时间并空间于方寸心中,去造就"大人格","大人生"。本文命题新颖,推理严密,举例生动。作者旁征博引,说理透彻,给人以启迪。

个性独悟
ge xing du wu

★为什么说"渐"既是使人生圆滑进行的微妙要素,又是造物主骗人的手段?

★第一段中,作者为了更好地说明时间的渐进,用了一个贴切的比喻,这个比喻是哪一句?第三段中作者连续用"一天一天地、一时一时地、一分一分地、一秒一秒地",是否啰嗦?为什么?

★作者为什么说时间比空间更不可思议?依原文回答。

★文章认为"渐"是在如何改变一个人的?

快乐阅读
kuai le yue du

握一把苍凉 / ···司马中原

童年,总有那么一个夜晚,立在露湿的石阶上,望着透过井梧升起的圆月,天真成了碧海,白苍苍的一丸月,望得人一心的单寒。谁说月是冰轮,该把它摘来抱温着,也许残秋就不会因月色而亦显凄冷了。离枝的叶掌悄然飘坠在多苔的石上,幽叹着,俄而听见高空洒落的雁声,鼻尖便无由的酸楚起来。后来忆起那夜的光景,只好以童梦荒唐自解。端的是荒唐么?成长的经验并不是很快意的。

把家宅的粉壁看成一幅幅斑驳的、奇幻的画,用童心去读古老的事物,激荡成无数泡沫般的幻想,渔翁、樵子、山和水和水滨的钓客,但从没想过一个孩子怎样会变成老翁的。五十之后才哑然悟出:再丰繁的幻想,也只有景况,缺少那种深细微妙的过程。你曾想抱温过秋空的冷月吗?串起这些,在流转的时空里,把它积成一种过程,今夜的稿笺上,便落下我曾经漆黑过的白发。

但愿你懂得我哽咽的呓语,不再笑我痴狂,就这样,我和中国恋爱过,一片碎瓦,一角残砖,一些在时空中消逝的人和物,我的记忆发酵着深入骨髓的恋情,一声故国,喷涌的血流已写成千百首诗章。

浮居岛上三十余年,时间把我蚀成家宅那面斑驳的粉壁,让年轻人把它当成一幅幅奇幻的画来看,有一座老得秃了头的山在北国,一座题有我名尖塔仍立在江南。我的青春是一排蝴蝶标本,我的记忆可曾飞入你的幻想?

恋爱不是一种快乐,青春也不是,如果你了解一个人穿过怎样的时空老去的,你就能仔细品味出某种特异的感觉,在不同时空的中国,你所恐惧的地狱曾经是我别无选择的天堂。不必在字面上去认识青春和恋爱,区分乡思和相思了。我在稿纸上长夜行军的时刻,我多疾的老妻是我携带的背囊,我唱着一首战歌,青春,中国的青春。但在感觉中,历史的长廊黑黝黝的,中国恋爱着你,连中国也没有快乐过。

忧患的意识就是这样生根的。我走过望不尽天边的平野,又从平野走向另一处天边;天辽野阔,扫一季落叶烧成在火中浮现的无数的人脸,悲剧对于我是一种温暖。而一把伞下旋出的甜蜜柔情,只是立于我梦图之外的幻影。但愿你懂得,皱纹是一册册无字的书,需要用心灵去辨识,去憬悟。恋爱可能是一种快乐,青春也是。但望我的感觉得到你的感觉的指正。你是另一批正在飞翔的蝴蝶。

一夜我立在露台上望月,回首数十年,春也没春过,秋也没秋过,童稚的真纯失却了,只换得半生白白的冷。一刹间,心中浮起人生几度月当头的断句来,刻骨的相思当真催人老去么?中国,我爱恋过的人和物,土地和山川,我是一茎白的芦苇,犹自劲立在夜风中守望。而这里的秋空,没见鸿雁飞过。

把自己站立成一季的秋,从烟黄的旧页中,竟然捡出一片采自江南的红叶,时光是令人精神错乱的迷雾,没有流水和叶面的题诗,因此,我的青春根本缺少"红叶题诗"的浪漫情致,中国啊,我的心是一口生苔的古井,沉黑幽深,满涨着垂垂欲老的恋情。

一个雨夜,陪老妻找一家名唤"青春"的服装店,灯光在雨雾中眩射成带芒刺的光球,分不清立着还是挂着,妻忘了带地址,见人就问:青春在哪里?被问的人投以诧异的眼——两个霜鬓的夫妇,竟然向他询问青春?后来我们也恍然觉出了,凄迟的对笑起来,仿佛在一刹中捡取童稚期的疯和傻。最后终于找着那间窄门面的店子,玻璃橱窗里,挂满中国古典式的服装,猜想妻穿起它来,将会有些戏剧的趣味。若说人生如戏,也就是这样了,她的笑瞳里竟也闪着泪光。三分的甜蜜,竟裹着七分的苍凉。我们走过的日子,走过的地方,恍惚都化成片片色彩,图案出我们共同爱恋过的。中国不是一个名词,但愿你懂得,我们都不是庄周,精神化蝶是根本无须哲学的。

握一把苍凉献给你,在这不见红叶的秋天,趁着霜还没降,你也许还能觉出一点我们手握的余温吧?

与你共品
yu ni gong pin

司马中原,1933年生于南京,曾任台湾省中华文艺社长。这是一篇倾诉衷肠,倾诉苍凉的文章。阅读这篇文章要抓住作者对祖国的热爱,对刻骨相思催人老的苍凉的心态去解读。文章作者从大陆辗转到台湾,"浮居岛上三十余年",这种背井离乡的情感,乡思乡愁,长年堆积于心中,全化作"一把苍凉"。

个性独悟
ge xing du wu

★"离枝的叶掌悄然飘坠在多苔的石上,幽叹着,俄而听见高空洒落的雁声,鼻尖便无由的酸楚起来。"怎样理解这种"幽叹"和"伤感"?

★文中第二段写有"把家宅的粉壁看成一幅幅斑驳的、奇幻的画",第四段又写有"时间把我蚀成家宅那面斑驳的粉壁",这两处表现了作者怎样的情感?

★怎样解释"我的青春是一排蝴蝶标本"和"你是另一批正在飞翔的蝴蝶"?

谈生命 / ··· 冰 心

　　我不敢说生命是什么,我只能说生命像什么。

　　生命像向东流的一江春水,他从最高处发源,冰雪是他的前身。他聚集起许多细流,合成一股有力的洪涛,向下奔注,他曲折地穿过了悬崖峭壁,冲倒了层沙积土,挟卷着滚滚的沙石,快乐勇敢地流走,一路上他享乐着他所遭遇的一切——

　　有时候,他遇到巉岩前阻,他愤激地奔腾了起来,怒吼着,回旋着,前波后浪地起伏催逼,直到他过了,冲倒了这危崖他才心平气和地一泻千里。

　　有时候他经过了细细的平沙,斜阳芳草里,看见了夹岸红艳的桃花,他快乐而又羞怯,静静地流着,低低地吟唱着,轻轻地度过这一段浪漫的行程。

　　有时候他遇到暴风雨,这激电,这迅雷,使他心魂惊骇,疾风吹卷起他,大雨击打着他,他暂时浑浊了,扰乱了,而雨过天晴,只加给他许多新生的力量。

　　有时候他遇到了晚霞和新月,向他照耀,向他投影,清冷中带些幽幽的温暖:这时他只想憩息,只想睡眠,而那股前进的力量,仍催逼着他向前走……

　　终于有一天,他远远地望见了大海,呵!他已到了行程的终结,这大海,使他屏息,使他低头,她多么辽阔,多么伟大!多么光明,又多么黑暗!大海庄严地伸出臂儿来接引他,他一声不响地流入她的怀里。他消融了,归化了,说不上快乐,也没有悲哀!

　　也许有一天,他再从海上蓬蓬的雨点中升起,飞向西来,再形成一道江流,再冲向两旁的石壁,再来寻夹岸的桃花。

　　然而我不敢说来生,也不敢信来生!

　　生命又像一棵小树,他从地底聚集起许多生力,在冰雪下延伸,在早春润湿的泥土中,勇敢快乐地破壳出来。他也许长在平原上,岩石上,城墙上,只要他抬头看见了天,呵!看见了地!他便伸出嫩叶来吸收空气,承受日光,在雨中吟唱,在风中跳舞,他也许受着大树的荫遮,也许受着大树的覆压,而他青春生长的力量,终使他穿枝拂叶地挣脱了出来,在烈日下挺立抬头!

　　他遇着骄奢的春天,他也许开了满树的繁花,蜂蝶围绕着他飘翔喧闹,小鸟在他枝头欣赏唱歌,他会听见黄莺清吟,杜鹃啼鸣,也许还会听见枭鸟的怪鸣。

他长到最茂盛的中年,他伸展出他如盖的浓荫,来荫庇树下的幽花芳草,他结出累累的果实,来呈现大地无尽的甜美与芳馨。

秋风起了,将他的叶子由浓绿吹到绯红,秋阳下他再有一番的庄严灿烂,不是开花的骄傲,也不是结果的快乐,而是成功后的宁静的怡悦!

终于有一天,冬天的朔风,把他的黄叶干枝,卷落吹抖,他无力地在空中旋舞,在根下呻吟,大地庄严地伸出臂儿来接引他,他一声不响地落在她的怀里。他消融了,归化了,他说不上快乐,也没有悲哀!

也许有一天,他再从地下的果仁中,破裂了出来。又长成一棵小树,再穿过丛莽的严遮,再来听黄莺的歌唱。

然而我不敢说来生,也不敢信来生。

宇宙是一个大生命,我们是宇宙大气中之一息。江流入海,叶落归根,我们是大生命中之一叶,大生命中之一滴。

在宇宙的大生命中,我们是多么卑微,多么渺小,而一滴一叶的活动生长合成了整个宇宙的进化运行。

要记住:不是每一道江流都流入海,不流动的便成了死湖;不是每一粒种子都能成树,不生长的便成了空壳!

生命中不是永远快乐,也不是永远痛苦,快乐和痛苦是相生相成的。等于水道要经过不同的两岸,树木要经过常变的四时。

在快乐中我们要感谢生命,在痛苦中我们也要感谢生命。快乐固然兴奋,苦痛又何尝不美丽?

 与你共品
yu ni gong pin

冰心(1900~1999),原名谢婉莹,福建闽侯人。现代著名女作家,儿童文学家。主要作品有散文集《寄小读者》《再寄小读者》,诗集《繁星·春水》等。本文是一篇对生命的热情礼赞,作者用生动而形象的比喻,把抽象的对象具体化,把深奥的内容通俗化。并且以满腔热忱激励年轻人,去战胜困难,去迎接胜利后的辉煌。这样的人生才是最美丽的。

个性独悟
ge xing du wu

★作者为什么说"我不敢说生命是什么,我只能说生命像什么"?

★文章中写生命这一江春水遇到 "细细的平沙""斜阳芳草""夹岸红艳的桃花",这是描写生命的什么过程?

★文章描写生命这一江春水遇到"暴风雨",这是在写生命的什么历程?文章中描写生命这一江春水遇到了"晚霞和新月",这个自然段是在描写生命的什么样的过程? 当这一江春水"远远地望见了大海",并投身到大海的怀抱中,是在写生命的什么过程?

★应该怎样理解"不是每一道江流都流入海,不流动的便成了死湖;不是每一粒种子都能成树,不生长的便成了空壳"?

★为什么说"在快乐中我们要感谢生命,在痛苦中我们也要感谢生命"?

作文链接
zuo wen lian jie

我的理想人生 / ···彭 宁

"人生是什么颜色?"

"赤,橙,黄,绿,青,蓝,紫。"

"谁是人生的伴侣?"

"不懈的奋斗。"

这就是我的人生答卷。虽然人生只是短暂的一瞬,但是只要你活得充实,让顽强奋斗、坚忍不拔的精神伴随你的一生,那就是美丽的人生。

人人都希望得到这样的人生:学习、工作、生活样样称心。可是,人生毕竟不是一帆风顺的,挫折、彷徨、痛苦、失落随时都会烦扰你。如果你挺住了,对人生又充满希望,无疑你找到了人生的真正答案。

或许是自幼锻炼而养成的习惯,或许是天赋的禀性,我做任何事都好强。现在我愈发认识到自己的人生要靠自己去创造,美好明天的蓝图要自己去绘画。于是这种性格就给了我莫大的帮助,在奋斗中前进,又在前进中奋斗。我爱的就是这样的人生。当你享受到自己奋斗得来的成果,那开怀的大笑才是发自内心的。而当遭受失败的煎熬时,又能很快地摆脱烦恼,重新投入新的追求之中,那你又会很快找回失落的自我。失败了不气馁,对人生永远充满希望。我爱的就是这样的人生。当然,在寻找理想人生的同时,也应享受人生的乐趣,让大自然洁净你的心灵,让知识升华你的品德。人生充满活力,心灵绝不空虚。我爱的就是这样的人生。

人生还应该充满色彩。红色是热情,黄色是爱心,绿色是青春,蓝色是知识。

或许有的人一失足成千古恨,于是,自暴自弃,甘心堕落下去,行尸走肉,游戏人生。问君可知人生只有一次,那样的糟蹋人生,浪费生命,不单对自己不负责任,这世上也会又多了一份罪恶。所以,为己为人,都请考虑一下自己的人生吧。

【简 评】

作者开门见山地提出了自己的人生观——不懈奋斗的人生是美丽的。语言富有冲击力和竞争感,从而有力地烘托了文章的论证。而后用富于哲理的语言去感染启发读者,效果自然好。

人生应当做点儿错事 / ···张 可

在我们生活中,很少有人愿意做错事,但又不可避免地会做出这样或那样的错事。有的人因为怕做错事,总是战战兢兢,什么事也不敢做;有的人因为做了错事,一味沉湎于懊悔自责之中,甚至丧失了自信心。

我认为,做错事是常有的,人生应当做点儿错事。

俗话说:"人非圣贤,孰能无过?"

人的一生中,做错事是在所难免的,不管是大错还是小错,历史上从来就没有十全十美的人。就是那些历来被人们称颂的伟人,不也犯过错误吗?

被中国人尊为"亚圣"的孟子不是曾做出使他母亲三迁居所的事情吗?被美国人称为"国父"的乔治·华盛顿不是做过使他父亲恼怒的事情吗?但他们照样有很大作为。

相反,有的人被"怕做错事"束缚了手脚,不敢大胆去想去做,一生平平庸庸,无所作为。殊不知,这本身就是一个不可原谅的大错。

生活中不乏这样的人,一做错事,便妄自菲薄,自己给自己套上沉重枷锁,停留在错误漩涡中不能自拔。还有一些人则是错则错矣,弃之一边而不顾。

这样的人可谓错上加错,要么是长期止步不前;要么是在一个地方跌倒了,下次还会在同样地方跌倒。

那么,做了错事,怎样去把握呢?我认为,应该以正确的态度去认识,去思考,去分析,从中找出原因,吸取教训,以此为前行的起点。其实,做错事的过程也是一个长见识的过程。正如塞翁失马,因祸得福一样,做错事和成功是相对的,可以互相转化。

大发明家爱迪生为了发明电灯,做过一千多次实验,也失败过一千多次,总结了一千多次教训,最后终于成功。试想一下,如果他中途气馁或是置以前错误于不顾,能成功吗?显然不能。他的成功正是一千多次经验和教训的结晶。

我们甚至可以这样说,他发明电灯有一千多个终点,也有一千多个起点。

人们害怕做错事,究其原因,主要是怕失败,怕招人笑话。但这并不应该成为"绊脚石"。爱迪生小时候做过孵小鸡的错事,结果小鸡当然没有孵出来,周围的人还笑了好长一段时间,可爱迪生却从人们的嘲笑声中逐渐养成勤动脑、勤钻研的习惯。我们同样应不怕失败,不怕笑话。

在长满荆棘的地方摸索出新路,不免要走岔路。如果都害怕走岔路而遭人笑话的话,这条路由谁来开呢?

我国正处在改革开放的新时期,也是在走一条前人没有走过的路,这就需要有一批敢于冒风险、不怕做错事、不忧谗畏讥的探路人。如果我们社会都是一些怕做错事、因循守旧的人,改革还会取得目前这样的成效吗?

人生应当做点儿错事,有的人会把这理解为故意去做错事,没错找错,这就大错特错了。

做错事，其目的是把事情做对做好。如果把能做好的事情故意做错，再回到正确处，就显得毫无意义了。

朋友，不要为自己无意中做了错事而懊悔，更不要为"怕做错事"而埋没才华。

请记住法国作家罗曼·罗兰的话：

人生应当做点儿错事，做错事就是长见识。

【简　评】

大胆行文，不落俗套，提出"人生应当做点儿错事"的观点，给人"耳目一新"的感觉。

采用丰富的论述材料，有理有据。先论证人生难免"做错事"，然后是怎样正确对待，再探究其根源，层层剖析，最后又回到自己观点上来。联系生活实际，很有针对性，具有一定的现实感。

对那些"不敢做错事"或不能够正确对待"做错事"的人给予否定，从否定中提出自己的观点，做到破中有立；然后引出独到见解："做错事就是长见识。"逆而有据，言之成理，颇有新鲜感。

论命运 / ··· 施培昆

"命运"一词，其实包含了极丰富的内容，在不同地区，不同时代，不同历史背景下对"命运"有不同解释。文明古国如中国、巴比伦、希腊等无不在其学术思想和宗教上表现出其对"命运"的好奇。

执掌着人类的命运者，可归纳为二，一是在人，一是在天。这两种说法始于春秋战国时期，百家争鸣的其中两个派别，一为儒家，一为墨家。虽然二者出现时间相近，在中国的学术思想上同样重要，然而所发展出的却是两套完全相违背的理论。

儒家有所谓的"命",现实生活中无论生死、贫富、祸福、是非等皆非人力所能做主,此皆受之于"命"。故《论语》中有云:"生死有命,富贵在天。"由此说明了人的祸福皆有其主宰,然而这并不是要人归于怠惰,而是要"尽命之正道而处",顺其天命而行。

墨子对"命运"的看法跟儒家相反,针对现实状况而提出"非命",墨子说:"王公大人能强力从事,则刑政必治;农夫妇人能强力从事,则人人必得温饱。"这便说明了贫富、饥饱、寒暖皆决定于人们努力的成果,故墨子的"非命",其实说明了人的命运是由自己主宰,就算有着一些客观的因素如天灾等,可能会影响到人,人仍有能操控命运的能力,这就是"人定胜天"。

在宗教信仰方面,在中国发展了多年的佛教以及来自西方的基督教对"命运"亦有不同的见解。佛教所说的命运,是一种因果关系,种其善因,便可得到善果,故佛家在这方面是表现出命运是由人自取、执掌的道理。反之基督教则认为万事万物皆为天主主宰,冥冥中自有上帝来安排,故信徒在困难、沮丧时会祷求天主指引。

命运之说因历史背景及时代之需要而产生。这亦表现出两种截然不同的处世态度,认为命运由人自己执掌者是积极处世的,认为命运在天者则是消极避世的。其消极避世的思想实源自对未来的盼望,对命运的期待,人们在逆境中会自自然然地将错误归咎于天,同时又要向天作出期望,希望明天会更好。

因此李白说:"天生我材必有用。"其实是失意时的自勉之词,命运在天之说实乃失败者逃避现实的借口。

命运实握于自己手里,试问成功者有谁没有努力过而只会听天由命的?秦王嬴政的扫灭六国,发明家爱迪生的各项发明都不是坐着待着便会因天道循环而成功的。守株待兔的故事不正告诉我们,只有努力才能成功吗?努力是因,成功是果,故我们的命运确是掌握在我们自己手上。

现今社会发展一日千里,"命运在天"的避世思想已不适用,故综合墨家和佛家之说,成功靠打拼,人们要掌握自己的命运,不应怨天尤人,自身甚至是整个社会才会有发展的机会。在这物竞天择,适者生存的时代,消极避世者会给淘汰,日美等国所以强大,盖茨所以富有,甚或诺贝尔奖的得主,哪位是将自己的前途,命运交托于上天的?只有自身的努力,才是成功的钥匙。

【简 评】
jian ping

　　读香港同学写的文章,具有一种特别的风味,感觉到和大家的思维完全不同,正因如此,才需要更多的交流。《论命运》一文是好作品呀!我自己也在想命运的定义,如今看到了此作,人生要拼搏,命运是要掌握在我们自己手中的道理!

烟花的辉煌 / ··· 任赫辰

　　除夕之夜,我们全家人都来到了爷爷家过年。八口人聚在一起,看着电视,诉说着这些日子以来身边的趣事。一家人说说笑笑,好不热闹,屋子里充满了浓浓的亲情。

　　不知什么时候,烟花的光彩已映红了深蓝的夜幕,鞭炮的巨响撼动着整个大地,使人的心情无法平静。站在窗前,望着那一簇簇耀眼的烟花,听着一串串炮响,我真的找到了过年的感觉。

　　看,那边一个巨大的礼花升起来了,"砰"的一声绽成一个五颜六色的大彩球,好似一群身着艳丽服装的星星,在跳着欢快的舞蹈。天上的烟花一个接一个,大大小小令人目不暇接。烟花映到对面楼的玻璃上,看不出形状,只能看到一大片红红绿绿的光点,就像圣诞树上的彩灯。再听那鞭炮声,就像夏季的一场倾盆大雨,来得痛快,来得豪爽。

　　楼边的空地上,人们放起了小烟花。瞧,一个"蹿天猴"上去了。一团银白色的光团冲上了天空,在嫣红的夜幕上划下一道长痕,宛如一颗璀璨的珍珠被抛上夜空。然而很快,那"珍珠"又落下来,化作一团烟尘,只留下深红的幕布上那一条银色的曲线与曲线最高处闪亮的一瞬。那珍珠般的光团很快便消逝了。它从升起到无影无踪,虽只经历了短短的几秒,却在夜空中留下了最辉煌的一刻,在人的心里留下了闪光的永恒。

　　再看地上,满地都是燃放过的鞭炮纸屑。它们躺在冰冷的地上,再也无法发出生命结束时的声响。在隆隆的鞭炮声中,一颗小炮的声响根本算不上什么,但它却在那一声炮响中找到了轰轰烈烈的永远。

烟花与鞭炮的生命都如此短暂,但它们却能在这节日的舞台上燃放生命的最高价值。我们每个人的生命也不过数十寒暑,然而并不是每个人的生命都富有闪光点。有的人一生碌碌无为,成为这个世上真正的过客,世界赠予他一座坟墓,他只留下一堆白骨;有些人却能在这短短的几十年中,尽自己最大的努力,为这个世界增添一分精彩,哪怕是微不足道,但也足以使他真切地感受到生命的价值、生活的质量。

烟花在空中描绘出一幅绚丽夺目的图画,绘出了节日的美景;鞭炮声交织成一曲震耳欲聋而又无尽无休的进行曲,奏出了喜庆的气氛。那画是一笔一笔画上去的,而每一笔都是一束烟花用燃烧换来的绽放,都是无数火星用熄灭换来的闪光;那曲是一声一声奏出来的,而每一声都是一挂鞭炮惊天动地的破碎,都是一枚小炮从被点燃走向随风飘落的过程。而使这欢快的节日热闹起来的,使人疲倦的心情沸腾起来的,正是那一颗颗火星,一枚枚小炮,正是那画上一笔,曲中一声,正是这茫茫夜幕中人们不曾注意、甚至看不到的东西!

站在窗前,我的目光凝住了,因为那窗外的烟花爆竹让我看到了生命的价值。但愿每个人在春节听炮的时候,都能寻找到属于自己的永恒与辉煌。

【简 评】
jian ping

作者从瞬间散发出绚丽光彩的烟花与散落地上的爆竹中得到启发,联想到人生并体验出生命的意义,实属难能可贵。本文联想自然,主题深刻。作者能从烟花在夜空中留下最辉煌的一刻,联想到人应该在生命中留下闪光的永恒,从烟花到人过渡自然,使人产生共鸣,读罢,令人回味无穷。

幸福畅想

人 生 卷

美丽的人生本没有什么真正的目的

重要的是在追求过程中得到快乐与幸福

如果生活不够慷慨

我们也不必回报吝啬

何必要细细的盘算

付出和得到的必须一般多

如果能够大方

何必显得猥琐

如果能够潇洒

何必选择寂寞

获得是一种满足

给予是一种快乐

快乐阅读
kuai le yue du

论快乐 / ··· 钱锺书

　　在旧书铺里买回来维尼的《诗人日记》，信手翻开，就看见有趣的一条。他说，在法文里，喜乐一个名词是"好"跟"钟点"两字拼成，可见好事多磨，只是个把钟头的玩意儿。我们联想到我们本国话的说法，也同样的意味深长，譬如快活或快乐的快字，就把人生一切乐事的飘瞥难留，极清楚地指示出来。所以我们又慨叹说：欢娱嫌夜短！因为人在高兴的时候，活得太快，一到困苦无聊，愈觉得日脚像破了似的，走得特别慢。德文沉闷一字，据字面上直译，就是长时间的意思。《西游记》里小猴子对孙行者说，天上比人间舒服欢乐，所以神仙活得快，人间一年在天上只当一日过。从此类推，地狱里比人世间更痛苦，日子一定愈加难度；段成式《酉阳杂俎》便说，鬼言三年，人间三日。嫌人生短促的人，真是最快活的人；反过来说，真快活的人，不管活到多少岁死，只能算是短命夭折。所以，做神仙也并不值得，在凡间已经三十年做了一世的人，在天上还是个初满月的小孩。但是这种"天算"也有占便宜的地方：譬如戴君孚《广异记》载崔参军捉狐妖，以桃枝决五下，长孙无忌嫌少，崔谓五下是人间五百下，殊非小刑。可见卖老祝寿等等，在地上最为相宜，而刑罚呢，应该到天上去受。

　　"永远快乐"这句话，不但渺茫得不能实现，并且荒谬得不能成立。快乐的决不会永久，我们说永远快乐，正好像说四方的圆形，静止的动作，有思想的民众一样的自相矛盾。在高兴的时候，我们的生命加添了迅速，增进了油滑。跟浮士德一样，我们空对瞬息即逝的时间，喊着说：逗留一会儿罢！你太美了！那有什么用？你要永久，你该向痛苦里去找。不讲别的，只要一个失眠的晚上，或者有约不来的下午，或者一课沉闷的听讲——这许多，比一切宗教信仰更有效力,能使你尝到什么叫做永生的滋味。人生的刺,就在这里,留恋着不肯快走的,偏是你所不留恋的东西。

快乐在人生里,好比引小孩子吃药的方糖,更像跑狗场里诱狗赛跑的电兔子。几分钟或者几天的快乐赚我们活了一世,忍受着许多痛苦。我们希望它来,希望它留,希望它再来——这三句话概括了整个人类努力的历史。在我们追求和等候的时候,生命又不知不觉的偷度过去。也许我们只是时间消费的筹码,活了一世不过是跟那一世的岁月做个殉品,根本不会享到快乐。但是我们到死也不明白是上了当,我们还理想死后有个天堂,在那里——谢上帝,也有这一天! 我们终究享受到永远的快乐。你看,快乐的引诱,不仅像电兔子和方糖,使我们忍受了人生,竟仿佛钓钩上的鱼饵,并且使我们甘心去死。这样说来,人生虽然痛苦,而并不悲观,因为它终抱着快乐的希望;现在的账,我们预支了将来去付。为了快乐,我们甚至于愿意慢死。

穆勒会把痛苦的苏格拉底跟快乐的猪比较。假使猪真知道快活,那么猪跟苏格拉底地位相去也无几了。猪是否能快乐得像人,我们不知道;但是人会容易满足得像猪,我们是常看见的。把快乐分为肉体的跟精神的,这是最糊涂的分析。一切快乐的享受,都是精神的,尽管快乐的原因是肉体上的物质刺激。小孩子初生下来,吃饱了奶就乖乖地睡,并不知道什么是快活,虽然它身体上有舒服的感觉。缘故是在小孩子时代,精神和肉体还没有分化,只是混沌的星云状态。洗一个澡,嗅一朵花,吃一顿饭,假使你觉得快活,并非全因为澡洗得干净,花开得好,或者菜合你口味,那因为你心上没有挂碍,轻松的灵魂可以专注着肉体的感觉,来欣赏,来审定。若你精神不痛快,像将离别时的筵席,随它怎样烹调得好,吃来毫无快感。那时的灵魂,可比害病的眼,怕见阳光,撕去皮的伤口,怕接触空气,虽然空气跟阳光都是好东西。在快乐的时候,你一定心无愧怍。假使你谋财害命而真觉快乐,你那时心境上一定比克己自守的道学家平静得多。所以,有最清白的良心,跟全无良心,效果是一样的。

发现了快乐要精神来决定,人类文化又进一步。发现这个道理,和发现是非善恶取决于公理而不取决于暴力,一样重要。公理发现以后,从此世界上没有可被武力所完全屈服的人。发现了精神是一切快乐的根据,从此痛苦失掉它们的可怕,肉体减少了专制。精神的炼金术能使肉体痛苦都变成快乐的资料。于是,烧了房子,有庆贺的人;一箪食,一瓢饮,有不改其乐的人;千灾百毒、有谈笑自若的人。所以我们前面说,人生虽不快乐,而仍能乐观。譬如从写先知书的所罗门直到做海风诗的马拉梅,都觉得文明人的痛苦,是身体疲弱。但是偏有人能苦中作乐,从病痛里滤出快活来,使健康的消失有种赔偿。苏东坡诗就说:"因病得闲殊不恶,安心是药更无方。"王丹麓《今世说》也记毛稚黄善病,人以为忧,毛曰:"病味亦佳,第不堪为燥热人道耳!"在着重体育的西洋,我们也可以找着同样达观的人。多愁善病的诺梵利史在《碎金集》里建立一种病的哲学,说病是教人怎样休息的女先生。罗登巴煦的诗集里有专咏病味的一卷,说病是灵魂的洗涤。身体结实喜欢活动的人,假使抱了这个观点,对于病痛也就感到另有风味。顽健粗壮的18世纪德国诗人白洛柯斯第一次害病,觉得是一种可惊异的大发现。对于此等人,人生还有什么威胁?这种快乐,把忍受变为享受,是精神对于物质最大的胜利。从此,灵魂可以自主——不过同时也许是自欺。能一贯抱这种态度的人,当然是大哲学家,但是谁知道他不也是个大傻子?

是的,还有点矛盾。矛盾是智慧的代价。这是人生对于人生观开的玩笑。

与你共品
yu ni gong pin

钱锺书的这篇《论快乐》充满了辩证的哲理,阅读时应用心体会。文章从"快乐"的"快"字入手,旁征博引,中西融贯,我们在感受钱先生渊博知识的同时,也能从中得到很大的启迪。

个性独悟
ge xing du wu

★作者是怎样论述快乐在人生中的作用的?

★作者是怎样评价对快乐的享受的?

★"'永远快乐'这句话,不但渺茫得不能实现,并且荒谬得不能成立。"你是怎样理解的?

★"人生的刺,就在这里,留恋着不肯快走的,偏是你所不留恋的东西。"你认为这句话应该怎样理解?

快乐阅读
kuai le yue du

流萤如线 / ···陈幸惠

　　仲夏之夜,台湾的小乡村中,年轻的女人惯于在操劳家务后的休闲里,摘取晚香玉插在发间。她喜欢把灯拧熄,半倚着门框,爱恋地看男人抱着月琴,在晒谷场上自得其乐地弹唱。

　　晚风中有泥土、青草、稻禾和稀薄的牛粪所混合而成的气息吹来,野蛙嘹亮的呼声也零星地散布在广大的田野里。天空有一眉新月,竹林外是浅浅的水塘,水塘外是鸭寮、是烟叶田。而森林戟戟排列成阵的烟叶之外,则是那仅有的一条灰色小公路——这一切都是她所熟悉、令她心安的。而她,在这一切的中央,像黄土地上卷裹在层层深碧巨叶的包心一样,有一种没有野心的安全。

　　因此,仲夏安闲宁静的夜晚,往往是一个土生土长、保守知足的乡下女人,最能在混沌中触摸到人生幸福的时光。

　　捻熄昏黄灯光的室内,常可清晰地看见流萤。

　　这种自己携带照明用具的小东西,背负着一颗米粒大小的光点,在黑暗中四处穿梭。看久了,光点不再是光点,却迤逦成一丝晶亮的细线。

　　满屋的流萤如线,常令单纯的女人在偶然微笑着回过头来时,深为吃惊。她为眼前的景象所迷惑,却又在迷惑中,模糊地觉得感动。

　　因为,她一生也只紧拥着那么一个米粒大小的光点。在新婚之夜和婚后的第二天,她就是被捧在掌心的明珠,然而,从进入厨下、“洗手做羹汤”的第三日开始,她便必须卸下彩蝶似的嫁衣、晚霞般的胭脂和少女的所有轻梦,去做一个任劳任怨、终日操劳的朴素村妇了。

　　生命中最旖旎缠绵的一点儿记忆,是一点儿温柔而微带羞涩的光,她小心地收藏在心底,紧拥住它;而仅凭这一点儿光,她竟也能将之绵延成一丝亮线,在她往后作为孝媳、贤妻、良母的路上,照耀她辛勤的一生。

　　流萤之光如线,这是微妙的事实,年轻的乡下女人,从它们身上隐约看见了什么,泫然欲泪,却又不能明白自己究竟看见了什么,因为她并不知道她便是这个家族的一只流萤,虽微弱,却有光,其光成线。

但,实际上,她知不知道,也并不是重要的事了。

与你共品
yu ni gong pin

　　"流萤"是一种美好的遐想物。作者以"流萤如线"为题,有着深刻的象征意义。文章以细腻的笔触展开丰富的联想,以如线的流萤来点画乡村少妇的内心世界,具有极高的审美价值。就外表来说,"她"没有贪求的野心,至真至纯,能够适应乡村简朴、宁静,甚至艰辛的生活;就内心而言,"她"拥有流萤般的轻梦,拥有晶莹闪亮的精神原野,就是在这片原野上,始终有流萤的亮点照耀着;也正是有这点"亮光",才使她拥有了认真的、纯美的现实生活态度。从这个角度讲,读者应当感悟到:不管在什么样的环境下生活,都应该拥有一片精神的圣火,哪怕它小如"流萤"。

　　文章的语言清晰、委婉,值得玩味。

个性独悟
ge xing du wu

　　★文章开头两段在写法上有什么特点?
　　★"流萤"的特点是什么?为什么女人在"回过头来"时会产生"吃惊、迷惑、感动"的感情?

何谓幸福 / ··· 何启治

在人世间,人人都渴望幸福——那种让人心情舒畅,称心如意的境遇和生活。

而托尔斯泰告诉我们:幸福的家庭都是相似的,不幸的家庭各有各的不幸。

也许,托翁在《安娜·卡列尼娜》开篇头一句话所说的意思有所特指,而我在经历过几十年的风风雨雨之后,却不再犹豫地对自己,也想对读者说:与其说每个人心里向往幸福大都相同,还不如说,幸福其实也只能是各人有各人的幸福。

首先,幸福因人而异。

伟大的政治家不仅为自己的国家、民族创建殊勋伟业,还想为人类文明的进步多做贡献。这是他心里渴望的幸福。而真诚的劳动者一定会为辛勤劳作后的丰收和殷实的日子深感幸福。教师心目中的幸福是为祖国培育一茬又一茬有用的人才。战士认定为祖国而牺牲是自己的幸福。科学家在自己所迷醉的科研领域中驰骋,作家艺术家进入良好的创作状态,运动员在打破纪录的瞬间,都会找到自己的幸福。而贪婪的商人当然视巨额利润为最大的幸福。赌徒自然只想大把大把地赢钱。一个懒惰的小伙子曾一点儿都不难为情地对我说,如果什么活都不用干,手里又有很多钱,想怎么吃喝玩乐就怎么吃喝玩乐,那就太幸福了。

其次,在人生的不同阶段,对幸福也会有不同的理解和企盼。

对天真烂漫的孩子来说,跟着父母出游,得到一件漂亮的衣服,一件精美的玩具,一些可口的糖果点心,就能满足他们对幸福的渴望。对刚刚成年的年轻人而言,成绩优秀,学业有成,异性的爱恋,网上的遨游,往往都是他们所憧憬的幸福。而人到中年所追求的,自然就应当是事业的成功和家庭的幸福和美了。至于老年人,那"健康是金,平安是福"也就道出了他们对幸福的企盼了。

但是,幸福和不幸,其实融会在人们每天的日子里。应该说,幸福还因每个人不同的生存境遇而有别。

对于在沙漠戈壁滩上跋涉的旅人来说,当你渴得嗓子冒烟、大汗淋漓的时候,别说是冷饮冰激凌,一杯清水就意味着幸福。当你攀登在华山的险道上,或者战战兢兢地爬行在黄山那段不到两米宽的鲫鱼背(两边都是云遮雾罩的深渊)上时,能安全到达目的地就是幸福。而对于一个被无边的忧郁所包裹的孤独者,真挚的呵护,友善的关爱,就是他(她)的幸福。在"大跃进"过渡到大饥荒的年代,对于在饥饿和浮肿中艰难度日的人,不说什么美味佳肴,只需一个菜窝头,几根手指粗细的胡萝卜,也就意味着幸福。

可见,幸福真是因人因时因境遇之不同而有别。除了真正的违法犯罪分子应当受到法律的惩处之外,我唯愿每一个人每一天都能得到幸福——用你真诚的劳动,用你真挚的爱,用你的智慧和勇气去赢得应该属于你的真正的幸福。

与你共品
yu ni gong pin

"幸福"是我们常常会挂在嘴边的一个词,但幸福应是什么呢?我们对此作过认真的思考吗?作者在本文用质朴的语言对幸福作了诠释,认为幸福是"那种让人心情舒畅,称心如意的境遇和生活",而且幸福会"因人因时因境遇之不同而有别"。阅读完此文后,你对幸福有何感想呢?

个性独悟
ge xing du wu

★作者就"何谓幸福"提出的明确观点(看法)是什么?根据这一观点,他从哪三个方面分别进行阐述?

★作者认为一个人应该怎样赢得幸福?

★作者认为幸福因人而异,从正反两方面列举了哪几类人所持的幸福观?

快乐阅读
kuai le yue du

初为人父 /···颜纯钩

　　那是一个初冬的午夜,风飕飕刮着,妻裹在厚实的棉被里,我帮三轮车夫把车子推上一个斜坡。那时我心中突地升起一种前所未有的惶恐和无助的感觉。我抬头望望黑洞洞的深邃的夜空,突然在心中默祷,让孩子平平安安地降生下来吧!在那一瞬间我完全相信有一个超然物外的主宰者,在渺不可知的地方,默默俯视着我们。我从来没有那样孤独,那样对自己丧失信心,那样急迫地需要扶助和庇佑。

　　医院里停了电,昏暗的走廊里有强烈的来苏水的气味,远远的有个病人大声呻吟着,我小心翼翼地扶着妻子走进待产室。年轻的助产士问我:"你敢不敢看?"大概她也看出我的紧张,微微笑着说:"如果不怕,你帮我提着这盏灯。"

　　我们等待着,那时我们还不知道即将到来的是儿子还是女儿。我希望是一个女孩子,长大可以帮妈妈的忙,妻则正如一般的母亲一样,希望一个对长辈和亲朋戚友都有所交代的儿子。那种时刻几乎是庄严的,我们以目光交流着心声,以一种敬畏的心情感觉即将面临的改变——那种伴随一个新生命诞生而来的百感交集。

　　羊水下来了,在一阵紧似一阵的痛楚里,妻咬着牙忍受着,挣扎着,终于忍不住呻吟了起来。我一手提着风雨灯,一手紧握着她的手臂,但我心里明白,那不能给她什么力量,谁也帮不了她,这是她必须独自挨住的一段痛苦的路程。在阵痛最剧烈的时候,那种声嘶力竭的呼叫,那种想要逃脱而不能的挣扎,在我心头唤起沉重的痛楚,我突然像听到一个奇怪的声音在心里说:"让孩子回去!不要他生下来!让那痛苦马上结束吧!"然而我知道那是不可能的,到了这种关头,谁也阻止不了他了,哪怕是圣旨、法律,或者是一个无能的父亲的无能的命令,都无法剥夺他生的权利。

　　有一段脐带缠在他脖子上,助产士很小心地解了开来。事后我们知道,那是很危险的,稍不留心就会造成窒息。然而我们事后也听说,那似乎也是一种瑞兆,预示孩子将有很好的运程。但那时我只感到如释重负,脑中空空如也,在孩子嘤嘤的哭声中,听见护士兴奋地说:"哟,还是个男孩子呢!"

我到阳台上去煮几个鸡蛋,冷冽的晨风扑面而来。人顿时清醒了不少。远远的天边,刚刚泛开一片淡橙色,天显得格外寥廓,格外深远,仿佛很安详地期待着旭日。这种偶然使我有片刻的痴迷,太阳和儿子,这中间似乎有着什么联系。天地如此广博,生命如此渺小,然而所有的新生都是神圣伟大的,都是一种绚丽的光明,因而都是美好的。

但他一直是很不安的,仿佛不断地受惊,吃得少,大便呈绿色;他肚脐结扎时感染,正在发炎;时而发烧,时而拉稀,而且几乎总是不问情由地啼哭。我们没日没夜地提心吊胆,育婴手册上列明了种种叫人不忍卒读的可能性,每个医生又几乎都有那种祖传的慢郎中的脾性,然而我们束手无策。有几天他连续地不大便,于是孩子的大便成为一家生活的头等大事。每一次出门回来,我总要问:"拉了没有?"家人摇头,我的心也觉得分外地沉重起来。有时他睡着了,脸色青白,小鼻翼一掀一掀的,呼吸不太均匀,一房间的人守着他——老祖母、岳母,有时还加上孩子的姨妈舅舅和其他亲友,大家都忧心忡忡地坐着,时而说一两句毫无意义的互相安慰的话,就那样心急如焚地等着他的一次大便。当然,他到底还是拉下大便来了!拇指大的一块,居然还是金黄色的,仿佛不忍辜负那么多人的企盼。于是所有的人全像过节似的欢欣鼓舞起来,奔走相告,乐不可支。

孩子满月后,我就回工作单位去了。临走前那天,我抱着他在院子里晒太阳,孩子整个包裹在一条又厚又软的披风里,脸上盖着一条丝巾,阳光透过丝巾照在他脸上,我仔细地端详着他。他睡着了,脸上有一层淡鹅黄色的近乎透明的茸毛;长长的睫毛低垂着,细白的脸颊上有淡淡的红晕,纤巧的鼻子下,一张线条鲜明的小嘴翕动着。我掀起丝巾来,轻轻地在他额角亲了一下。孩子自然不懂得别离的滋味,但初为人父的我,那种怅惘,那种依依难舍的眷恋,却随着离别时间的逼近而愈加强烈。后来我才知道,就因为那天中午晒了太久的阳光,孩子当晚就发了皮炎,他妈妈半夜里去敲医院的大门,又折腾了几天,才慢慢好起来。

自从到香港以后,别离的时间更长了,一两年才回去一趟,时间又短,刚有了点回家的感觉,又得打点行李离开了。然而,孩子也在这种聚散匆匆之中一天天长大起来了。他体质仍旧不太好。讲话发音不准确,感情脆弱而个性却十分执拗,这一切似乎都有我的遗传的影子。但他聪明而好学,记忆力极好,两岁时就认得几十个汉字。他唱一种调门儿古怪的儿歌，自己编一个没头没尾的故事，或者握一支毛笔在纸上涂鸦；他把火车轮子画到车厢上头，倒剪着双手学电视上的公仔在大厅里踱方步，而每逢他赢得哄堂大笑时，他会认真地说："要鼓掌！"

但孩子也并非永远只给你带来欢乐，你要花一两小时哄他吃半碗饭，随时准备他撕烂你的书或者打翻一碗滚烫的热汤。有天晚上临睡前，他脱了衣服就是不钻进被窝去，天冷得要命，万一感冒又是合家不宁。可是左哄右哄，他硬是坐着不动，按倒了又爬起来，说是要"凉快凉快！"像任何一个父亲在那种情况下免不了会做的那样，我抓起他的小手，啪啪地打了几下。孩子咬着牙，憋着气，但终于忍不住，"哇"地一声哭了起来。哭尽管哭，他还是不肯躺下，而且变本加厉，索性把身上的被子全踢开了。我实在气不过了，一把推倒了他，拉过被子来，把他盖严实了，然后紧紧地按着被角，不叫他动弹。孩子在被子下挣扎着，小脸憋得通红，慢慢地，大概已觉得没有希望了，他放弃了挣扎，只是也许那种被压紧的感觉太痛苦吧，他哭得越发伤心了，急促地哽咽着，几乎透不过气来。事后，妻心疼地摸着他的手背，低声抱怨说："打那么重，手背都肿了。"我脸朝外躺着，一肚子气还没消，却已经感到一种前所未有的沮丧和内疚了。在孩子断断续续的抽噎声中，突听见他带哭声说："爸爸我错了，爸爸我以后不敢了。"

今年春节回家时，听说那里的幼儿园办小小班，急忙托了人去报名，孩子知道了，也雀跃得很，逢人便说："我要上小学去了。"我们郑重其事地给他买了一个小塑料书包，一盒颜色笔，一本簿子。开学那天，打扮得整整齐齐的，他有点兴奋，也有点胆怯的样子。到了那里，满屋子的小朋友吵闹着，他规规矩矩地坐在角落里，大眼睛里竟流露出一种孤独的神色来。妻有点儿不放心，把叮嘱的话说了又说，及至我们临走的时候，他已经站起身来，学着外面做早操的高年级的小朋友，手舞足蹈起来了。回家的路上，妻突然感慨地说："一把屎一把尿的，也带到他可以上学了。"我吃惊地看着她，仿佛从她心满意足的神情里，也看出一点伤感来。这是孩子第一次离家到外面生活，孩子一天天长大起来，也一点点地离开父母了，将来读书做事，恋爱结婚，也和我们如今一样，有一个在父母之外的小天地，做父母的虽然爱孩子心切，但到底不能不让他长大，不能不看着他一天天和自己疏远，这终究也是人生的一种缺憾吧！

现在他是在遥远的家乡，快快乐乐地过着自己的日子，当他坐在那辆小三轮车在院子里兜圈，无忧无虑地向花间撒下银铃般的笑声的时候，他可会突然停下脚来,思念起远方的父亲,正如我此刻如此深切的思念着他一样呢?

与你共品
yu ni gong pin

本文选自《香港精粹美文赏析》。作者颜纯钩,笔名慕翼,福建晋江人,1978 年移居香港。他自幼喜欢读书,《红绿灯》是他的第一部小说集,也常写一些散文、诗歌和评论等。

整篇散文贯穿着深沉的父爱。作者以小说家的功力,把天真可爱、聪明好学的孩子的形象描绘得活灵活现,这其中,一片真挚而热切的爱子之情也抒发得淋漓尽致。

个性独悟
ge xing du wu

★"我"有一种"如释重负"的感觉,是因为一件什么事情?

★最能突出孩子性格"执拗"的是哪件事?

★文中哪些事例最能突出孩子的天真可爱、聪明好学?

快乐阅读
kuai le yue du

向日葵 / ··· 冯亦代

　　看到外国报刊登载了久已不见的凡·高名画《向日葵》，以 3900 万美元的高价，在伦敦拍卖成交，特别是又一次看到原画的照片，心中怏怏若有所失者久之；因为这是一幅我所钟爱的画。当然我永远不会有可以收藏这幅画的家财，但这也禁不住我对它的喜欢。如今归为私人所有，总有种今后不复再能为人们欣赏的遗憾。我虽无缘亲见此画，但我觉得名画有若美人，美人而有所属，不免是件憾事。

　　记得自己也曾经有过与这幅同名而布局略异的复制品，是抗战胜利后在上海买的。有天在陕西南路街头散步，在一家白俄经营小书店的橱窗里看到陈列着一幅凡·高名画集的复制品。凡·高是 19 世纪以来对现代绘画形成颇有影响的大师，我不懂画，但我喜欢他的强烈色调，明亮的画幅上带着些淡淡的哀愁和寂寞感。《向日葵》是他的系列名画，一共画了七幅，四幅收藏在博物馆里，一幅毁于第二次世界大战时的日本横滨，这次拍卖的则是留在私人手中的最后两幅之一；当下我花了四分之一的月薪，买下了这幅凡·高的精致复制品。

　　我特别喜欢他的那幅向日葵，朵朵黄花有如明亮的珍珠，耀人眼目，但孤零零插在花瓶里，配着黄色的背景，给人的是种凄凉的感觉，似乎是盛宴散后，灯烛未灭的那种空荡荡的光景，令人为之心沉。我原是爱看向日葵的，每天清晨看它们缓缓转向阳光，洒着露珠，是那样的楚楚可怜亦复可爱。如今得了这幅画便把它装上镜框，挂在寓所餐室里。向日葵衬在一片明亮亮的黄色阳光里，挂在漆成墨绿色的墙壁上。宛如婷婷伫立在一望无际的原野中。特别怡目，但又显得孤清。每天我就这样坐在这幅画的对面，看到了欢欣，也尝到了寂寞。以后我读了欧文·斯通的《生活的渴望》，是关于凡·高短暂一生的传记。他只活了37岁；半生在探索色彩的癫狂中生活，最后自杀了。他不善谋生，但在艺术上却走出了自己的道路，虽然到死后很久，才为人们所承认。我读了这本书，为他执着的生涯所感动，因此更宝贵他那画得含蓄多姿的向日葵。我似乎懂得了他的画为什么一半欢欣、一半寂寞的道理。

解放了，我到北京工作，这幅画却没有带来；总觉得这幅画面与当时四周的气氛不相合拍似的。因为解放了，周围已没有落寞之感，一切都沉浸在节日的欢乐之中。但是曾几何时，我又怀恋起这幅画来了。似乎人就像是这束向日葵，即使在落日的余晖里，都拼命要抓住这逐渐远去的夕阳。我想起了深绿色的那面墙，它一时掩没了这一片耀眼的金黄；我曾努力驱散那随着我身影的孤寂，在作无望的挣扎。以后星移斗转，慢慢这一片金黄，在我的记忆里也不自觉地淡漠起来，逐渐疏远得几乎被遗忘了。

有段时间，我被谪放到南荒的劳改农场，每天做着我力所不及的劳役，心情惨淡得自己也害怕。有天我推着粪车，走过一家农民的茅屋，从篱笆里探出头来的是几朵嫩黄的向日葵，衬托在一抹碧蓝的天色里。我突然想起了上海寓所那面墨绿色墙上挂着的凡·高的《向日葵》。我忆起那时家庭的欢欣，3岁的女儿在学着大人腔说话，接着她也发觉自己学得不像，便嘻嘻笑了起来，爬上桌子指着我在念的书，说"等我大了，我也要念这个"。而现在眼前只有几朵向日葵招呼着我，我的心不住沉落又飘浮，没个去处。以后每天拾粪，即使要多走不少路，也宁愿到这处来兜个圈。我只是想看一眼那几朵慢慢变成灰黄色的向日葵，重温一些旧时的欢乐，一直到有一天农民把熟透了的果实收藏了进去。我记得那一天我走过这家农家时，篱笆里孩子们正在争夺丰收的果实，一片笑声里夹着尖叫；我也想到了我远在北国的女儿，她现在如果就夹杂在这群孩子的喧哗中，该多幸福！但如果她看见自己的父亲，衣衫褴褛，推着沉重的粪车，她又作何感想？我噙着眼里的泪水往回走。我又想到了凡·高那幅《向日葵》，他在画这画时，心头也许远比我尝到人世更大的孤凄，要不他为什么画出行将衰败的花朵呢？但他也梦想欢欣，要不他又为什么要用这耀眼的黄色作底呢？

凡·高的《向日葵》已经卖入富人家，可那幅复制品，却永远陪伴着我的记忆；难免想起作画者对生活的疯狂渴望。人的一生尽管有多少波涛起伏，对生活的热爱却难能泯灭。阳光的金色不断出现在我的眼前，这原是凡·高的《向日葵》说出了我未能一表的心思。

风不能把阳光打败

与你共品
yu ni gong pin

选自《中华散文百年精华》。作者冯亦代,浙江杭州人,文学翻译家。著有散文集《书人书事》《龙套集》《漫步纽约》等。文章以凡·高的《向日葵》为依托,以此为线索,简要地回顾了自己一生的人生旅程,慨叹人生际遇沉浮,抒发出了"人的一生尽管有多少波涛起伏,对生活的热爱却难能泯灭"的主题。阅读本文,注意把握文章的线索。

个性独悟
ge xing du wu

★对凡·高名画《向日葵》拍卖成交,被人收藏,作者心中为什么快快若有所失?作者喜欢凡·高作品的强烈的色调。这个强烈色调的特点是什么?

★在第三段段尾,作者写的"我似乎懂得了他的画为什么一半欢欣、一半寂寞的道理"一句,含义是什么?第四段中作者写道"……总觉得这幅画与当时四周的气氛不相合拍似的",为什么?

★理解"似乎人就像这束向日葵,即使在落日的余晖里,都拼命要抓住这逐渐远去的夕阳"一句的含义。

★"我"被谪放到南荒的劳改农场时,为什么对农家所种的向日葵那样依恋?

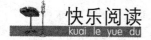

快乐阅读
KUAI LE YUE DU

快乐的真谛 / ··· [美] 诺宾·基尔福德

在日常的生活中，我们往往见到有人乐观，有人悲观。为何会这样？其实，外在的世界并没有什么不同，只是个人的处世态度不同罢了。

最能说明这个问题的，是我在一家卖甜甜圈的商店前面见到一块招牌，上面写着："乐观者和悲观者之间的差别十分微妙：乐观者看到的是甜甜圈，而悲伤者看到的则是甜甜圈中间的小小空洞。"这个短短的幽默句子，透露了快乐的本质。事实上，人们眼睛见到的，往往并非事物的全貌，只看见自己想寻求的东西。乐观者和悲观者各自寻求的东西不同，因而对同样的事物，就采取了两种不同的态度。

有一天，我站在一间珠宝店的柜台前，把一个装着几本书的包裹放在旁边。当一个衣着讲究、仪表堂堂的男子进来，开始在柜台前看珠宝时，我礼貌地将我的包裹移开，但这个人却愤怒地看着我，他说，他是个正直的人，绝对无意偷我的包裹。他觉得受到了侮辱，重重地将门关上，走出了珠宝店。我感到十分惊讶，这样一个无心的动作，竟会引起他如此的愤怒。后来，我领悟到，这个人和我仿佛生活在两个不同的世界，但事实上世界是一样的，所差别的是我和他对事物的看法相反而已。

几天后的一天早晨，我一醒来便心情不佳，想到这一天又要在单调的例行工作中度过时，便觉得这个世界是多么枯燥、乏味。当我挤在密密麻麻的车阵中，缓慢地向市中心前进时，我满腔怨气地想：为什么有那么多笨蛋也能拿到驾驶执照？他们开车不是太快就是太慢，根本没有资格在高峰时间开车，这些人的驾驶执照都该被吊销。后来，我和一辆大型卡车同时到达一个交叉路口，我心想："这家伙开的是大车，他一定会直冲过去的。"但就在这时，卡车司机将头伸出车窗外，向我招招手给我一个开朗、愉快的微笑。当我将车子驶离岔路口时，我的愤怒突然完全消失，心情豁然开朗起来。

这位卡车司机的行为，使我仿佛置身于另一个世界，但事实上，这个世界依旧，所不同的只是我们的心境。

幸福畅想

每个人在生活中都会有类似的小插曲，这些小插曲正是我们追求快乐的最佳方法。要活得快乐，就必须改变自己的态度。我想，这就是快乐的真谛吧！

与你共品
yu ni gong pin

人人都追求快乐，人人都希望快乐。那么，快乐在哪儿？其实，快乐就在我们身边，就在我们心中。本文告诉我们乐观开朗的生活态度就是我们快乐的源泉。

个性独悟
ge xing du wu

★在日常生活中，常见有人乐观，有人悲观，这是为什么？
★文章开头的作用是什么？文章第三、四段在写法上有何特点，其作用是什么？
★读完全文后，你认为"快乐的真谛"应该是什么？
★用简洁的语言概括本文的写作意图。

快乐阅读
kuai le yue du

幸福的篮子 / ··· [俄] 尤·沃兹涅夫斯卡娅

有段时间我曾极度痛苦，几乎不能自拔，以至于想到了死。那是在安德鲁沙出国后不久。在他临走时，我俩第一次，也是最后一次一起过夜。我知道，他永远不会回来了,我们的鸳鸯梦再也不会重温了。我也不愿那样,但我还是郁郁寡欢,无精打采。一天,我路过一家半地下室式的菜店,见一美丽无比的妇人正踏着台阶上来——太美了,简直是拉斐尔《圣母像》的再版!我不知不觉放慢了脚步,凝视着她的脸。因为起初我只能看到她的脸。但当她走出来时,我才发现她矮得像个侏儒,而且还驼背。我耷拉下眼皮,快步走开了。我羞愧万分……瓦柳卡,我对自己说,你四肢发育正常,身体健康,长相也不错,怎么能整天这样垂头丧气呢?打起精神来!像刚才那位可怜的人才是真正不幸的人……

我永远也忘不了那个长得像圣母一样的驼背女人。每当我牢骚满腹或者痛苦悲伤的时候,她便出现在我的脑海里。

我就是这样学会了不让自己自怨自艾。而如何使自己幸福愉快却是从一位老太太那儿学来的。那次事件以后,我很快又陷入了烦恼,但这次我知道如何克服这种情绪。于是,我便去夏日乐园漫步散心。我顺便带了件快要完工的刺绣桌布,免得空手坐在那里无所事事。我穿上一件极简单、朴素的连衣裙,把头发在脑后随便梳了一条大辫子。又不是去参加舞会,只不过去散散心而已。

来到公园,找个空位子坐下,便飞针走线地绣起花儿来。一边绣,一边告诫自己:"打起精神!平静下来!要知道,你并没有什么不幸。"这样一想,确实平静了许多,于是就准备回家。恰在这时,坐在对面的一个老太太起身朝我走来。

"如果你不急着走的话,"她说,"我可以坐在这儿跟您聊聊吗?"

"当然可以!"

她在我身边坐下,面带微笑地望着我说:"知道吗,我看了您好长时间了,真觉得是一种享受。现在像您这样的可真不多见。"

"什么不多见?"

"您现在的一切!在现代化的列宁格勒市中心,忽然看到一位梳长辫子的俊秀姑娘,穿一身朴素的白麻布裙子,坐在这儿绣花!简直想象不出这是多么美好的景象!我要把它珍藏在我的幸福之篮里。"

"什么,幸福之篮?"

"这是个秘密!不过我还是想告诉您。您希望自己幸福吗?"

"当然了,谁不愿自己幸福呀。"

"谁都愿意幸福,但并不是所有的人都懂得怎样才能幸福。我教给您吧,算是对您的奖赏。孩子,幸福并不是成功、运气甚至爱情。您这么年轻,也许会以为爱就是幸福。不是的。幸福就是那些快乐的时刻,一颗宁静的心对着什么人或什么东西发出的微笑。我坐在椅子上,看到对面一位漂亮姑娘在聚精会神地绣花儿,我的心就向您微笑了。我已把这一时刻记录下来,为了以后一遍遍地回忆。我把它装进我的幸福之篮里了。这样,每当我难过时,我就打开篮子,将里面的珍品细细品味一遍,其中会有个我取名为'白衣姑娘在夏日乐园刺绣'的时刻。想到它,此情此景便会立即重现,我就会看到,在深绿的树叶与洁白的雕塑的衬托下,一位姑娘正在聚精会神地绣花。我就会想起阳光透过椴树的枝叶洒在您的衣裙上;您的辫子从椅子后面垂下来,几乎拖到地上;您的凉鞋有点磨脚,您就脱下凉鞋,赤着脚;脚指头还朝里弯着,因为地面有点儿凉。我也许还会想起更多,一些此时我还没有想到的细节。"

"太奇妙了!"我惊呼起来,"一只装满幸福时刻的篮子!您一生都在收集幸福吗?"

"自从一位智者教我这样做以后。您知道他,您一定读过他的作品。他就是阿列克桑德拉·格林。我们是老朋友,是他亲口告诉我的。在他写的许多故事中也都能看到这个意思。遗忘生活中丑恶的东西,而把美好的东西永远保留在记忆中。但这样的记忆需经过训练才行。所以我就发明了这个心中的幸福之篮。"

我谢了这位老妇人,朝家走去。路上我开始回忆童年以来的幸福时刻。回到家时,我的幸福之篮里已经有了第一批珍品。

与你共品
yu ni gong pin

　　　生活中谁没有幸福,又谁没有痛苦,幸福和痛苦会伴随我们的一生,本文给我们提供了一只装幸福的篮子,那就是遗忘生活中丑恶的东西,把美好的东西永远珍藏在篮子——心灵里。本文题目新颖,立意深远,耐人寻味,文笔朴实。文章主要由两部分组成,"我"失恋后的痛苦并力争摆脱这种痛苦,但并没有找到完全摆脱这种痛苦的方法;在公园中听老太太讲幸福的篮子,这部分是文章的重点。

个性独悟
ge xing du wu

★文中说"我也不愿那样"中的"那样"是指什么说的？"我不知不觉放慢了脚步,凝视着她的脸","我奔拉下眼皮,快步走开了",对于美和不美,人们为什么会有如此不同的态度？

★"不让自己自怨自艾"和"如何使自己幸福愉快"有什么区别？既然自从看到驼背圣母,已经从比较中不垂头丧气并且打起了精神,为什么又"很快又陷入了烦恼"呢？

★"幸福的篮子"中"篮子"的含义是什么？

★文章的主旨是什么？

快乐阅读
kuai le yue du

爱,让生命延伸/···吴光亚

我听说白血病可以用骨髓移植的方式治疗还是在 1999 年 5 月,说有个患白血病的男孩终于等到一个和他骨髓相匹配的人,但那个人在最后的时刻却改变了主意⋯⋯等我看到这篇报道的时候,男孩已去了另一个世界。我不知道那个人心里有没有难过,如果没有勇气坚持到最后一刻,那他当初为什么去做？他怎么可以眼睁睁看着一个和自己有关的生命一点点离去而无动于衷呢？于是,我告诉自己,如果我遇到这样的事,我一定不会像那个人一样。

经过咨询和报名登记,1999 年 9 月 19 日,我成为上海骨髓库第 9000 名志愿者。2000 年年底,上海骨髓库的一封信寄到我家,说有个 17 岁男孩的骨髓和我的前三项指标匹配,要我做进一步检验。当时,我的心跳得好快,上天竟然真的给了我一次机会。

当我去再次检验的时候,医生告诉我,共有 5 个人匹配,只来了 3 个人,另外两人没有了音讯,而已检验完的那两人都没有完全配上。我的心很乱,只剩我一个人了,心底有个声音在不停地说:"我是他的希望,唯一的希望!"焦急地等待了几天后,医院通知我,我们完全相配。我心底的一块石头终于落了地。

住院的日子被定下来。2001 年 2 月 26 日,我进入病房打下了第一针,打的这种促生长因子是为了刺激造血干细胞大量产生并释放到外周血液的(一共打 5天,1 天 1 针),然后对血液进行体外分离,提取出其中的造血干细胞再输给患者。一般情况下,只需要分离一次就可以了,但也可能会有特殊情况,比如我。

从我开始打第一针时情况就不妙。一直到第四天,需要的造血干细胞并没有按计划成倍地生长出来。医生说我是个特例,所以临时决定提前一天进行分离提取。因为如果不够的话,在时间上还能争取第二次分离。

这样,3 月 1 日下午,在我没有任何心理准备的情况下,进行了第一次分离。那一夜,大家都焦急地等待结果,只有我睡得最安心。因为所有人都知道,如果提取出来的造血干细胞量不够,第二天必须再来一次。而且如果再不够的话,那就意味着手术失败,那个男孩就会死去。但是,所有这些任何人都没有告诉我,因为他们想让我睡个好觉。

3 月 2 日早晨,当看到护士长端着打针盘子又进来的时候,我明白了。于是,振作精神,朝大家笑笑,继续打针抽血……窗外是焦急等待我的亲人和那个孩子的亲人。

进行了一半时,进来一位高个子的男孩。他很健谈,在陪我聊天中不知不觉时间过得很快。后来,医生告诉我,他也曾是个白血病患者,脾气特别坏,生气时拒绝一切药物,还打医生和护士。但那天,他很会关心人,看到我有痛苦表情时,就马上问我,是不是哪里痛。也许人在经历过了生死瞬间后,都会改变很多,会更加珍惜自己的生命,也会更加珍惜和别人相处的日子。

造物主竟会安排得如此之巧,第二次手术做完时,时钟刚好过了零点。3 月 3日,是我的生日。我在心里暗暗祈祷,希望我的吉祥日可以给他带来好运。这个生日,我唯一的心愿是:"希望我的生日,也可以成为他的生日。"还得等待,等待化验结果出来,因为最多只能做两次分离,如果这一次再不够……我简直不敢想象,真的好害怕。大概凌晨两点,门开了,男孩的父亲按捺不住内心的喜悦,几乎是冲到我面前:"够了,完全够了……"我哭了,这么多天我一直没有哭过,可是那一刻我却哭了。我真的太开心了,因为我,那个男孩可以获得再一次的生命。

早晨 6 点,我偷偷跑到无菌病房外。隔着窗户,我第一次看到了他——那个17 岁的男孩。护士告诉我,从我的血液里提取的造血干细胞全部输给他了,现在他刚睡着。我只看到他宽宽的背影,他睡得很安静。

在住院的一个月里，所有人都对我付出了极大的关爱，无论是亲人还是朋友，甚至是不相识的人。记得那天，一个素不相识的阿姨激动地拉着我的手，说了好多话，眼角一直湿润着。因为她说的是方言，我没听懂。后来，我才知道她的儿子就在医院的另两个病房里，还没找到合适的配型。虽然我没听懂她说什么，但是我知道，她在替无菌舱里的那个男孩高兴，替他的家人高兴。"那段日子，爱包围着我，令我快乐、令我感动，我像公主一样享受着这一切。"我时常问自己：怎么可以得到这么多的爱？是谁给了我这样一个体验幸福的机会呢？

直到现在，每次想到有个生命因为我而存在，流着和我一模一样的血，我就很开心，觉得自己是世界上最幸福的人。我相信，很多人不是没有爱心，而是不知道用何种方式表达。所以我想告诉那些有爱心的人，如果你可以忍受打针的疼痛，相信你一定可以忍受骨髓捐献的疼痛。相比于能救助他人生命的快乐，这点痛苦是微不足道的。只要一点点勇气和努力，你就可以挽救一个人的生命、一个家庭的幸福。

在此，我祈愿会有更多的人勇敢一点儿，迈出那小小的一步。

与你共品
yu ni gong pin

生命对每一个人只有一次，可对这位 17 岁的男孩来说应该是两次！因为爱，才会这样无私，才会如此坦然，才会被爱，才会体验幸福！

个性独悟
ge xing du wu

★文中"是谁给了我这样一个体验幸福的机会呢？"的答案是什么？

★"我祈愿会有更多的人勇敢一点儿，迈出那小小的一步。"你对"小小的一步"作何理解？

快乐阅读
kuai le yue du

想到就做 / ···罗 兰

　　在日常生活中,有许多该做的事,不是我们没有想到,而是我们没有立刻去做。时间一过就把它忘了。

　　其原因,有时是因为忙,有时是因为懒。一个事务繁忙的人,想到某一件事该做,但他当时没有时间,于是想,"等一下再说吧!"但等一下之后,为其他事务分神,就把这件事忘了。

　　有些人虽然不忙,可是,他喜欢拖延。该做的事虽然想到,却懒得立刻着手去做。心想,"等一下再做吧!"可是,等一下之后,他就忘了。或者已是时过境迁,失去当做的时机了。

　　如要使做事有效率,最好是"想到就做"。

　　养成"想到就做"的习惯之后,你会发现自己随时都有新的成绩:问题随手解决,事务即可办妥。这种爽利的感觉,会使你觉得生活充实,而心情爽快。

　　遇事拖延的习惯,不但耽搁了工作的进行,而且在自己精神上也是一种负担。事情未能随到随做,随做随了,却都堆在心上,既不去做,又不敢忘,实在比多做事情更加疲劳。

　　做事有始无终,也会使自己心情上有负债之感。

　　无论大小事,既经开始,就应勇往直前地把它做完。我国传统规矩,家庭教子弟写字,无论有什么事打扰,也不准把一个字只写一半。即使这个字写错了,准备涂掉重写,也要把它写完再涂。这正是教人不忽视任何小事的最好的起点。在日常小事上养成有始有终的好习惯,将来做事才不会轻易地半途而废。

　　假如你有未完成的工作,未缝完的衣服,未写成的稿件,等等,希望你肯把它们找出来整理一下，安心去把它们完成。相信当完成之后，你会觉得非常快乐。当它们未完成时不过是些废物，而当你只要再付出一半或十分之二三的心力，把它们完成之后，他们却变为漂亮的成品和可观的成绩，那种意料之外的成功，更会令你惊奇。

有些事，并不是我们不能做，而是我们不想做。只要我们肯再多付出一分心力和时间，就会发现，自己实在有许多未曾使用的潜在的本领。

也有些人在面临一项新的工作时，会为它的繁重与困难而心情紧张、沉重、不安。这些人多较为拘谨而责任感又重的人。祛除这种紧张、沉重与不安的办法，只有立刻着手去做这件事。当开始工作之后，他会很意外地发现，事实并不那么困难，而对自己也有了信心。

"想到就做"不是一件难事，它只是需要明快、果决与信心。但是，一件事情既经开始之后，是否能够有始有终，则要靠毅力与恒心。许多事往往在一开始时，凭一股冲力做了一阵，然后就渐渐觉得厌倦；加以任何工作总难免遭遇一点困难或外力的干扰，这时，不但兴趣消失，信心也没有了。很多工作都因此中途停顿。而只有那些能克服这中途障碍的才是成功的人。

开始一件工作，所需的是明决与热忱；完成一件工作所需的是恒心与毅力。缺少热忱，工作无法发动。只有热忱而无恒心与毅力，工作不能完成。

与你共品
yu ni gong pin

本文是针对人们的繁忙、懒惰和拖延而发，强调做事要有效率，养成"想到就做"的好习惯，提倡做事要有始有终，说明做事有始有终，不仅需要果断与热忱，而且更需要恒心与毅力的道理。勉励人们要以持之以恒之心对待做事，切不可三分钟热情而有始无终。

文章开篇没有直接阐述想到就做的好处，而是从日常生活的几种现象入手，如因忙而忘事，因懒而误事，因拖延而失去当做的时机，然后才提出做事要有效率就要养成"想到就做"的好习惯，通过对比、举例进一步论证了做事还要有始有终的道理。作者于娓娓言谈之中，把"想到就做"的道理讲得透彻明了。

个性独悟
ge xing du wu

　　★根据文章的内容，请你归纳作者批评了日常生活中的哪几种人？

　　★作者认为做事情应该采取怎样的态度？

　　★作者认为什么样的人，才能做事有始有终呢？请你从古今中外的名人事例中列举一个例证，并略加阐述。

　　★作者写此文的目的是什么？

快乐阅读
kuai le yue du

笑声的魅力 / ···舒　婷

　　人生本来十分平淡。

　　空难、雪崩、战争、冤狱和被绑架，这类九死一生的恐怖经历，电影里虽然极力渲染，呼之欲出，毕竟摊到每个人头上的概率微乎其微。所谓人如蝼蚁，柴米油盐，生老病死，说起来，绝大多数人庸庸碌碌，过的都是正常生活。因此才有漂流、跳伞、飙车、泅渡海峡甚至赌博吸毒等等自讨苦吃的吉尼斯世界纪录。本来玩的就是心跳嘛。

　　那不为人所知的情感风暴，丧亲失侣，受遗弃遭背叛，中奖升职，就连天上掉下肉包子这种大喜大悲，同样能致人于死地。但毕竟各人心理承受力不一样，是杀人或自杀？其凶险的程度只有自己知道。况且现代人越来越自闭，麻木和冷漠成为防卫本能，一颗石子能否激起千层浪已够怀疑，反正脸上总是微波不兴。

　　中国人还不习惯找心理医生，尽管这个行业正在大城市悄悄兴起。生活是庸常的，是微尘的叠加，是无处逃遁的日复一日夜复一夜的滴水蚀石的时光。

如何抗衡这"生命不能承受之轻"?诗人开出的药方是"保持几分童真",宗教提倡"一颗平常心",男人呼吁浪漫,女人渴望情趣。电视上的综艺节目例如"欢乐总动员"里的搞笑、相声、小品、卡拉 OK、全民健身运动、旅游、美食和周末 Party 等休闲项目开始获得它应有的位置。

然而一枝玫瑰花的奉献或某个晚上的笑逐颜开,仅能局部或短期缓解现代都市生活的紧张和压力。要维护心理健康,莫过于换一种眼光,就像打开一扇新窗户,迎接早晨升起的同一轮太阳。

有一本好书叫做《享受每日生活》,是美国人托马斯·穆尔写的。他说:"当我们把简单的用餐变成宴请,摆下饭桌就是请灵魂出席。盘子、杯子和刀叉可能就是唤起一个家族记忆的物件,或者仅仅是漂亮的餐桌上的用具,一块桌布、餐巾、蜡烛,甚至一个矮托架,能把普通的用餐变成一次不平常的经历。"最后他强调了营造环境魅力的至关重要,"在这种心态下,灵魂出现在前台,而对人生的延续和生活中喜忧的实实在在的关注,至少是暂时隐退到了幕后。"

即便看起来似乎唾手可得的幸福场面,对于浮躁急切、物质利益至上的现阶段中国人来说,也显得过于矫情和浪费了。多少人不是用快餐匆匆果腹,就是把餐桌当战场,商业的、政治的、处心积虑的、患得患失的,蜡烛和鲜花变成了道具。难怪有报道说:功能性消化不良病患者已占总人数的 20%~40%。

但我们首先可以做到的是调整自己的心态,学会对人生持有一份幽默感。

对迟到的恋人说:幸亏你终于来了,那只近视的鸟错把我当一棵树,正打算在我肩上孵蛋呢;安抚大发雷霆的母亲:放心吧,虽然我是最后一个出考场,成绩却没那么差,是倒数第二名;阳台上掉下衣架,砸了脑袋,抬头揶揄送声道歉的邻居:早通知我,好戴钢盔呀。下次若不能抛个绣球来,至少落一根烤鸡腿如何?

下雨,自己淋得像落汤鸡,目送扭着高跟鞋继续奔跑的胖嫂,有趣;排长队求职面试,看左右有人念佛有人冒汗有人不断上厕所,心中一乐,忽然看破红尘,也去上厕所;接朋友,火车却晚点,有人频频看表,有人持续拨打手机,还有人守着询问处纠缠。你饶有兴味在研究他们的眼神、手势、衣着和口音,推想他们要接的亲戚、朋友、上司或情人。时间不知不觉过去,远方来的朋友笑眯眯站在你面前。

只要你睁大好奇的眼睛，只要你对人怀有善意，你总能从司空见惯的老环境中发现有趣的事物，轻松自己的心情，也给周围的朋友带来笑声。

与你共品
yu ni gong pin

本文告诉我们对人生应持有一份幽默感，它可以使我们轻松自己和周围朋友的心情，抗衡"生命不能承受之轻"。

个性独悟
ge xing du wu

★第四段"生命不能承受之轻"中"轻"的含义是什么？如何理解这句话的含义？

★第七段，作者为什么说"蜡烛和鲜花"变成了"道具"，怎么理解这句话？

★为抗衡"生命不能承受之轻"，作者开出的药方是什么？

★读完全文，你怎样理解标题"笑声的魅力"的含义？

爱在瞬间 / · · · [美] 埃德温·帕尔默

第一次世界大战期间草率成婚的人们当中,有一对性情热烈、引人注目的年轻夫妇克拉拉和弗莱德。他们住在芝加哥北边的密执安湖畔,我是他们的邻居。

克拉拉和弗莱德婚后,除了有几次短暂而炽热的共同生活之外,就是天各一方、长达几个月的叫人烦恼压抑的分离。接着,他们像许多同代人一样,不得不回到平凡沉闷的生活轨道上,在惴惴不安的环境中,天天厮守在一起。

1919年劳动节后的一个晚上,他们争吵起来。几个月以前,他们已经有纠葛了。尽管他们还相爱,可俩人的婚姻却已经岌岌可危。他俩甚至认为:总是他们两个人在一起,这既愚蠢又陈腐。所以,这天晚上有个叫查理的朋友要来接克拉拉,而弗莱德则跟一个叫埃雷妮的姑娘约好一起出去。

这对年轻夫妇一边喝鸡尾酒,一边等待查理来接克拉拉。弗莱德刻薄地开查理的玩笑,于是,争吵又爆发了。这天晚上,虽然他们的关系还没到决裂的地步,不过他们的确是准备分道扬镳了。

突然,一阵震耳欲聋的汽笛呼啸着打断了他们的争吵。这声音不同寻常,它突然响了起来,接着又戛然而止,令人胆战心惊。一英里以外的铁路上出了什么事,无论是克拉拉还是弗莱德都一无所知。

那天晚上,另一对年轻夫妇正在外边走着。他们是威廉·坦纳和玛丽·坦纳。他们结婚的时间比弗莱德和克拉拉长,他们之间存在的那些小芥蒂早被清除了。威廉和玛丽深深地相爱。

吃了晚饭,他们动身去看电影。在一个火车道口,玛丽右脚滑了一下,插进铁轨和护板之间的缝儿里去了,既不能抽出脚来,又不能把鞋子脱掉。这时一列快车却越驶越近了。

他们本来有足够的时间通过道口,可现在由于玛丽的那只鞋捣乱,只有几秒钟时间了。

火车司机直到火车离他俩很近才突然发现他们。他拉响汽笛,猛地拉下制动闸,想把火车刹住。起初前边只有两个人影,接着是三个,正在道口上的铁路信号工约翰·米勒也冲过来帮助玛丽。

威廉跪下来,想一把扯断妻子鞋上的鞋带,但已经没有时间了。于是,他和信号工一起把玛丽往外拽。火车正呼啸着,朝他们驶来。

"没希望啦!"信号工尖叫起来,"你救不了她!"

玛丽也明白了这一点,于是朝丈夫喊道:"离开我!威廉,快离开我吧!"她竭尽全力想把丈夫从自己身边推开。

威廉·坦纳还有一秒钟可以选择。救玛丽是不可能了,可他现在还能让自己脱险。在铺天盖地的隆隆火车声里,信号工听见威廉·坦纳喊着:"我跟你在一起,玛丽!"

说那天晚上制止弗莱德和克拉拉争吵的是那列火车的汽笛声,这不符合实际;但是,铁路道口发生的事情的确截住了许多行人,查理就是其中之一。他没去接克拉拉,而是开车回了自己的家。他拿起了电话。

弗莱德拿着电话说:"我想你是要克拉拉接电话吧?"

"不,跟你说就可以了,"查理的声音异常柔和,"我不去找她了,弗莱德,你告诉她。"

弗莱德问出了什么事,查理似乎不知从何说起,"你认识坦纳夫妇吗?"他问。

"坦纳夫妇?坦纳夫妇……"弗莱德竭力思索了一下,"啊,对了。他们一直不怎么出名,是他们吗?"

"不错……不怎么出名。"查理张了张嘴,还是把电话挂上了。

不久以后,邻居们到弗莱德家做客,把那幕惨剧讲给了他们听。

"……丈夫本来能脱险,可他没想走掉。他用胳膊紧紧抱着妻子,紧紧地抱着她。这时候那个信号工听见他说:'我跟你在一起,玛丽!'他俩紧紧搂在一起——火车前灯的光照在他们的脸上。他始终跟妻子在一起。"

威廉·坦纳用他的死证实了人世间不乏高尚的情操和行动,也使那些玩世不恭的人和欺诈虚伪的人在他面前相形见绌。每一个听到这个故事的姑娘都应当扪心自问:"我是否曾经使一个男子对我这样关怀?"同样,这个故事也向男人们提出问题:"如果你在自己身上没找到促使威廉做出那种举动的那种感情,那么你对爱情究竟懂得多少呢?"

我敢肯定,克拉拉和弗莱德之间关系的好转就是从那个晚上开始的。通过威廉·坦纳的行动,其他的人开始认识到他们的婚后生活还有尚待探索的深度,于是他们之间的关系就发生了可喜的变化。

与你共品
yu ni gong pin

章福畅想

　　这是一篇令人震惊、叹惜、钦佩的爱情故事。生不同衾死同穴只是一种爱的境界,而故事中的男女主人公迎着长啸的火车,迎着如昼的灯光,他们相拥、坦然、幸福地面对死亡,这种爱的力量使人无法估量。本文采用了双线结构,一对是闹矛盾、分裂的夫妇,一对是为爱共赴黄泉的夫妇,作者采取并行的,说话两头各表一枝的表现形式,最后又交叉在一起,相爱的夫妇感染了走到爱的尽头的夫妇。本文语言极为朴实,没有华丽的辞藻,没有造势的渲染烘托,只是平平淡淡的讲述故事,在没有火车撞击之前甚至感觉极为沉闷,但就是这种平淡之中突然爆发了搅动你肝肠的故事。本文语言比较简洁,没有多余的人物及多余的笔墨,全文共6个人物,两对夫妇及信号工和查理,但两对夫妇的形象较为鲜活。文章的题目也极具内涵,爱本来是一生一世、生生世世之事,但是作者一反常规,这一瞬间及生死瞬间,乃迎接死亡的瞬间。有些时候就是这样,在平平常常之中可能一生都参悟不透的事和人,竟能在这短短的一瞬间看得清清楚楚、明明白白的。此"瞬间",非彼"瞬间"也。

个性独悟
ge xing du wu

　　★为什么说是"惴惴不安的环境中"?文中有两个成语表明了他们夫妇婚姻逐步地走向破裂,请找出这两个成语?威廉·坦纳的最后呐喊"我跟你在一起,玛丽",他的行动实现了白居易在《长恨歌》中哪句表达夫妇间永远在一起的诗句?

　　★威廉·坦纳的高尚之处是什么?文中最使你感动的一段文字是哪段?

　　★弗莱德夫妇听到威廉·坦纳夫妇的事后,婚姻发生了向和好方向的变化,但是前文有一句话预示着他们夫妇的婚姻并没有走到尽头,请找出这句话?这种写法称做什么手法?

　　★简要说一说本文的写作手法并简要分析文题《爱在瞬间》的内涵。

作文链接

梦中，与幸福相遇 / ···张 真

梦乡中，我——一个13岁的纯真少女，耳畔忽听得一阵脚步声。我仔细一看，原来是金钱正在追逐幸福。只见金钱富翁那肥胖的身子上罩着绣有许多个铜钱图样的长袍，而幸福则是一位正在翩翩起舞的美丽天使。

"幸福天使，快停一停！"金钱富翁一边气喘吁吁地追逐着，一边喊叫着，"你瞧，我多么富有，我一定要得到你。"

"哼，你以为你财大气粗，就能够得到一切吗?"幸福天使轻蔑地对金钱说，"你可知道，我只能在善良美好的心灵中驻留，永远不会停留在俗不可耐的灵魂之中。"

金钱富翁不信自己就降服不了幸福天使，于是，他滔滔不绝地对幸福天使炫耀道："你看，眼前这个人世间，人们衣食住行，哪样能缺少我? 人们要住得安逸些，必须用我去买漂亮的房舍吧；人们要吃得高档些，必须用我去买美味佳肴吧；人们要穿得漂亮些，必须用我去买绫罗绸缎吧；人们要行走得省力潇洒些，必须用我去买摩托、轿车吧! 请问，人们要过上幸福的生活，哪样能离开我呢?"

"无须我来回答你，世间早有睿智的哲人对这个问题作出了回答：金钱能买到房舍，但不能买到家庭；金钱能买到美食，但不能买到食欲；金钱能买到衣物，但不能买到教养；金钱能买到车辆，但不能买到快乐。可见，金钱能买到的房舍、美食、衣物、车辆，不过是一堆物质的东西罢了，而金钱所不能买到的家庭、教养、食欲和快乐，才是人们所梦寐以求的幸福。"幸福天使镇静地回答。

金钱富翁一时被驳得哑口无言，但又不甘心认输，摆了摆光秃的脑袋，争辩道："可知人世间至今仍有人奉行着这样一种古老的人生哲学：'有钱能使鬼推磨'?"

"你说得很对，有钱确实能够驱使可怜的小鬼为你推磨，如那些见利忘义的盗贼、贪官，还有那些一味贪图享受的小人。而对于真正的人，如历史上那些不为金钱所诱惑的英烈壮士们，现实社会中那些慷慨解囊扶贫济困的高尚之人，金钱却不能使他们屈服、投降。而我偏爱的正是他们。你不见那些乐于将钱捐献灾区的雷锋式的战士，脸庞上不时洋溢着幸福的微笑，像他们这样为人民、为社会带来幸福的人，才是世上最幸福的人呢！"

说罢，幸福天使翩翩地远飞而去。金钱富翁一时间气急败坏，瘫倒在地……

"丁零零……"闹钟的铃声终于将我从梦乡中唤醒。一场梦后，我觉得自己仿佛悟出了有关人生价值的一个顶重要顶重要的道理。面对眼前这个花花绿绿的世界，我顿觉心明眼亮了许多……

【简　评】

这是一篇表现方法独特的议论文。独特之处在于作者使用了童话的方法，即幻想式的方法，在梦境中，把金钱与幸福拟人化来表现。

辩论就是作者论证的过程。这种表现手法有一种新鲜感，读起来饶有趣味。全文完整、活泼、生动，是一篇不错的论说文。

生活需要挑战 / · · · 张　璇

古罗马的奥维德曾说过这样一句话："一匹马如果没有另一匹马紧紧追赶着并要超过它，就永远不会疾驰飞奔。"马需要挑战，同样地，人更需要挑战。

有这样一段关于世界拳王阿里的故事。阿里每逢比赛，总要事先出钱雇一些人，作为自己的反对者。在比赛时，给他起哄、骂他、羞辱他。这样，阿里的搏斗欲才被刺激起来，力量鼓满全身，肌肉膨胀，精神达到最佳的竞技状态……难道他有心理障碍吗？不，阿里需要竞争。因为他比别人更深刻地懂得，竞争对于一个拳击手来说有多么重要的意义。只有竞争，才能鼓起斗志，才能不放松对自己的要求，才能获得前进的动力。试想，如果让阿里在鲜花和掌声中与一个根本不会拳击的人战在赛场上，那个人如同一匹慢悠悠吃草的马，阿里这匹

风不能把阳光打败

"马"会奔驰起来吗?"不在竞争中前进,就在竞争中灭亡。"这已经是被客观的事实所证实了的。

我又想起了一则狼与鹿的故事。鹿是狼的美味食品,凶猛的狼常常把鹿群追得四散奔逃。许多弱小的鹿因落到后边被咬得血肉淋漓,最终成了狼的口中食。于是当地的居民就动了恻隐之心,对狼开始围捕。狼从荒原上消失了,然而出人意料的是,鹿群不但没有兴旺,反而大量死亡。原来,鹿失去了天敌后,生活安逸了,不再运动了,导致体质退化,造成了生存危机。人们明白了,把鹿和狼放到一起生活,鹿不会灭绝;如果把鹿和狼分开,鹿失去了天敌,最终的结果是鹿群灭绝。当地的居民又重新"请"回了狼,荒原上又出现了狼追鹿逃的场景,不久,鹿群重新获得了生机。这则故事说明,挑战是生存的动力,也就是说鹿这样的"马"只有在狼的紧紧追赶下,它才能疾驰飞奔,才能生存下来。奥斯特洛夫斯基说过:"人的生命,似洪水在奔流,不遇着岛屿暗礁,难以激起美丽的浪花。"没有一个人的生活是一帆风顺的,可不同的人对前进途中的困难又有不同的理解。对弱者来说,困难是无底之渊,可对强者来说,它却是无价之宝。我们可以把困难、挫折看成一个锻炼的机会,可以把它当做是生活的挑战。如果我们勇敢地面对困难,勇敢地接受生活的挑战,那么,成功的一天就不远了。

孟子说:"生于忧患,死于安乐。"人只有在忧患时,面对挑战时,他才会发挥其最大的能力。为了更好地生活,需要努力拼搏。人们也只有不断地努力、拼搏、进取,才能不断地完善自己,提高自己,推动社会的发展。反之,终会被社会所淘汰。所以说,生活需要挑战!

【简 评】

jian ping

本文以名言开篇,点出"马"和"人"都需要竞争。然后举出了"拳王阿里"和"狼与鹿"的故事,有力地证明了上述观点。最后以孟子的话作结,说明了"为了更好地生活,需要努力拼搏"的道理。

全文选材别具一格,说理清楚明白。

烦　恼/···鲍亚平

随着童音的消逝,代沟悄然而至。它像一堵无形的墙,将我们和父母隔开,犹如一道似乎不可冲破的马其诺防线,给我们带来了无尽的烦恼。

追求时尚,爱穿流行衣服,爱听流行音乐,这是我们花季少年共同的爱好。可是,父母却看不惯。他们认为,注重衣着打扮是思想意识不单纯,甚至认为是不成体统而且影响学习的。殊不知爱美之心人皆有之,只要不过分的追求,对学习怎么会有影响呢?

正处于花季雨季的我喜欢看青春偶像剧,然而我爸爸却认为这是"不务正业",常常阻止我看。他让我多看一些战争的片子,因为他认为多看一些过去我们党如何取得胜利的故事片,可以激发我们学习的热情,同时也增强了我们的爱国心。真是搞不懂,爸爸为什么总是沉浸在过去,而不向前看,多为我们国家的现在和将来想一想呢?

我的爷爷奶奶简直就是"老古董",不可理喻。有一次我和邻居家的小男孩一起玩,不知为什么而大声笑了出来。奶奶发现了,她把我叫回去教训了一顿,说:"女孩子家应该文文静静的,不然就是'泼妇',女孩子应该笑不露齿,不然就不像个淑女。"我真是搞不懂,为什么要把活泼、开朗的女孩叫做"泼妇"?为什么女孩不能像男孩那样开口大笑?男女不是平等的吗?

啊,代沟! 你如同欢乐旋律中的一个不和谐的音符,让人蹙额;你好像优美的画面上的一抹污迹,令人遗憾。何时我们才能在你之上架起一座沟通、理解的彩虹呢?

【简　评】

jian　ping

"代沟"这一历史而又沉重的话题,它困扰着不少家庭。作者撷取生活中的三个片段,写出了两代人在审美标准、思想观念、做人原则、人生观等方面的差异。用议论突出烦恼,结尾表达了消除代沟的渴望,感情真挚。

我们为了什么而奋斗 / ···孟繁盛

　　史铁生写的《命若琴弦》给了我很大的震撼,令我仔细地反思了一下自己过去走过的路,发觉自己对世界,对生命的理解还很浅薄。小说中写了两个瞎子,一老一小,以弹三弦为生。老瞎子的师父给了我们第一个悬念——老瞎子要是能弹断一千根琴弦,他便可以复明。老瞎子以此为人生的目标,快乐地活着。然而小说给我们的是一条耐人寻味的人生哲理:目的是虚设的。当老瞎子发觉自己的一生都在为一个虚幻的目的而奋斗时,他对人生终于有了深刻的理解,同时也将这个虚幻的目的赠给了自己的徒弟。

　　怎样去理解"目的是虚设的,可非得有不可呢"? 我不是瞎子,我也没有痛苦的生活经历,无法体会老瞎子的心情;但我深深地明白,当发觉自己如同一头野兽一样,在天地间行走,却没有目标;知道自己所做的一切都没有意义时,那将会是怎样的滋味,那会是一种什么样的痛苦啊!

　　在老瞎子知道药方是张白纸之前,目的是明确的,那就是睁眼看看。老瞎子为了实现这人生的唯一的目标而活着,进行着生命最基本的活动。这时他的生活是丰富多彩的,每天晚上去说书,还与小瞎子说笑;这些精彩的一面之所以能够展现在我们的面前,是因为那封在三弦子里的药方,是老瞎子的人生目标;换句话说,是因为老瞎子还没弹断一千根琴弦。老瞎子的心弦被扯得很紧,能弹出美丽的生命乐章。他弹断的琴弦越多,他对人生看得便越清楚,明了;他觉得为了能实现目的,付出再多也是值得的。老瞎子骨头一样的眼珠看透了岁月的篇章,穿越了时空,他看清楚了人们忙忙碌碌是为了什么,明白了他师父对他说的话。

　　老瞎子弹断第一千根琴弦时,激动的心情达到了最高潮,他才相信:一切都是值得的。开始的时候我不明白为什么他"才"相信,后来便懂了;在实现人生目标的路上,老瞎子也怀疑过自己是否真能看见东西,这时出现了小说中另一个一直没正面描写的重要人物——老瞎子的"兰秀儿"。小说中很多地方都能看出,老瞎子经历过同小瞎子一样的感情遭遇。当老瞎子的"兰秀儿"离他而去时,"睁开眼看"这一人生目标在他心中更加坚定了,即便曾怀疑过,如今也不再犹豫,因为他觉得不论怎么样,能看一回,痛楚使老瞎子成熟了,使他成为了小瞎子的领路人。

目的实现了,老瞎子拿着药方去抓药。此时他仍满怀希望:自己终于能看看这花花世界了！然而"目的是虚设的",那张白纸不会因为老瞎子的虔诚变为灵丹妙药。牵着老瞎子的心一路走下来的东西骤然消失了,这一刻老瞎子绝望了,小说的故事因此到达了最高峰。"一切目的都是虚幻"这一人生哲理得到了升华。老瞎子这时的感觉好似在一条铺满黄金,有阳光照耀,两旁开满野花的宽阔大道上走到了尽头,前方却是一个陡峭的悬崖。这时,若是小说中没有小瞎子这一形象,老瞎子肯定会死去,尽管目标没有了,但世上仍有让他牵挂的事物。老瞎子回去找他的徒弟,却发现小瞎子正经历着自己曾经历过的一幕。感情受到了挫折的小瞎子正是五十年前老瞎子的翻版。老瞎子没有责怪小瞎子,他知道小瞎子的感受,他也知道这是一次扯紧小瞎子心弦的机会。老瞎子将药方封进了小瞎子的琴里,给了他一个虚设的目的,让他永远扯紧欢跳的琴弦,不必去看那张无字的白纸。

"目的是虚设的,可非得有不可",没有了目的,就没有了两个瞎子精彩的人生画卷。正如老瞎子的师父说的"人的命就像这根琴弦,扯紧了就能弹好,弹好了就够了"。是啊,美丽的人生本没有什么真正的目的,重要的是在追求的过程中得到欢乐。我想,老瞎子在想明白了这点之后就不会绝望了,毕竟他走过金黄的大道,沐浴过温暖的阳光,闻到过野花的芬芳。

【简　评】
jian　　ping

作者以深入的思考和理性的分析,得出了超越命运、支撑生命的结论——"美丽的人生本没有什么真正的目的,重要的是在追求过程中得到欢乐。"太过深奥、太过沉重了。

本文文笔流畅,主题鲜明,读后给人深思。

精神的滋味

人生卷

我举首向苍穹，并非一定要摘取星月

只需这个向上的、不屈服的气态

我们可以欺瞒别人

却无法欺瞒自己

当我们走向枝繁叶茂的五月

青春就不再是一个谜

向上的路

总是坎坷又崎岖

要永远保持最初的浪漫

真是不容易

有人悲哀

有人欣喜

当我们跨越了一座高山

也就跨越了一个真实的自己

快乐阅读
kuai le yue du

精神的滋味

生命的出口 / · · · 林清玄

坐在窗边喝茶看报纸,读到一则消息:一个高中女生为情跳楼自尽,第二天,她的男友从桥上跳入河心,也自杀了。

这时候,一只小黄蜂从窗户飞了进来,在室内绕了两圈,再回到原来的窗户,竟然就飞不出去了。

可怜小黄蜂不知道世上竟有"玻璃"这种东西,明明看见屋外的山,却飞不出去,在玻璃窗上撞得咚咚作响。

忙了一阵子,眼看无路可走了,它停在玻璃上踱步,好像在思考一样,想了半天,小黄蜂突然飞起来,绕了一圈,从它闯进来的纱窗缝隙飞了出去,消失在空中。

小黄蜂的举动使我感到惊奇,原来黄蜂是会思考的,在无路可走之际,它会往后回旋,寻找出路。

对照起来,人的痴迷使我感到迷茫了。

对于陷入情感里的男女,是不是正像闯入一个房子的小黄蜂,等到要飞出时已找不到进入的路口?是不是隔在人与生活的情感玻璃使我们陷入绝境呢?隔着玻璃看的山水和没有玻璃的山水是一样的,但为什么就走不出去呢?

在这样的绝境,为什么人不会像小黄蜂退回原来的位置,绕室一圈,来寻生命的出口呢?

是不是人在情感里比小黄蜂还要冲动?

是不是由于人的结构更细密,所以失去像小黄蜂那种单纯的思维?

是不是一只小黄蜂也比人更珍惜生命呢?

对这一层一层涌起的问题,我也无力回答,我只知道人在深陷绝境时,更应该懂得静心,懂得冷静地思维。在生命找不到出路时,更要退后一步,观照全局。或者,就在静心与观照时,生命的出路就显现出来了。

昨日当我们年轻时,有情感挫折的时候,都会想过了结生命,以解脱一切的苦痛与纠葛。

但是今日回观,并没有必死之理,那是因为情感的发展只是一个过程接一个过程,乃是姻缘幻灭,如果情爱受挫折就要自尽,这世界上的人类早就灭绝了。

何况,活着,或者死去,世界并不会有什么改变,情感也不会变得更深刻,反而失去再创造再发展的生机,岂不可惜复可怜?

正如一只山上飞来的黄蜂,如果刚刚撞玻璃而死,山林又有什么改变呢?现在它飞走了,整个山林都是它的,它可飞或者不飞,它可以跳舞或者不跳舞……它可以有生命的许多选择,它的每一个选择都会比死亡更生动而有趣呀!

第一次情感失败没有死的人,可能找到更深刻的情感。

第二次情感受挫折没有死的人,可能找到更幸福的人生。

许多次在情感里困苦受难的人,如果有体验,一定会更触及灵性的深处。

我这样想着,但是,我并不谴责那些殉情的人,而是感到遗憾,他们自己斩断了一切幸福的可能。

我的心里有深深的祝福,祝福真有来生,可以了却他们的爱恋痴心。

可叹的是,幸福的可能是今生随时可能创造的,而来生,谁能知道呢?

与你共品

林清玄,台湾省高雄人,1953年生。曾用过笔名秦、林漓、林大悲等。他的散文文笔流畅清新,表现了淳厚、浪漫的情感,在平易中有着感人的力量。他的散文集很多,深受广大读者,特别是青年读者的欢迎,他的散文集一年中曾重印超过20次。

这篇短文起笔转述了一对青年人轻生的消息,震撼着读者的心灵。继而笔调一转,描写一只小黄蜂在陷入绝境后冷静地找到出口,轻生不会使世界有任何改变,反之,冷静地对待,倒有可能重新找到幸福。亲切的话语,恰当的比喻,由浅入深,层层深入地引人思索。

精神的滋味

个性独悟
ge xing du wu

★阅读全文后,你认为最能体现文章中心意思的是哪一句?

★为什么说当情感受到挫折和失败,会可能找到更幸福的人生呢?

★题目"生命的出口"中的"出口"有什么含义?

★作者认为当人生陷入绝境的时候,应该怎么对待呢?

快乐阅读
kuai le yue du

精神决斗 / · · · 谭延桐

欧洲曾流行过一种风俗:决斗。

当两人产生了龃龉或冲突,各执一端,互不相让时,便约定时间地点,并邀请证人,兵戎相见。显然这是一种你死我活的格斗——这样的斗法,形式上虽然废除了,但实质还在。

这便是精神上的决斗。

自己跟他人,自己跟自己。而最主要的,还是自己跟自己,两个"我"之间的争斗和较量。这样的决斗,常常是在静默中进行的。当一种想法不尊重另一种想法,一种做法不苟同另一种做法,一种气息不喜爱另一种气息,一种存在不承认另一种存在,一种梦想不欢迎另一种梦想时,矛盾便种下了,仇恨便发芽了,决斗便开始了。只是这样的决斗,没法约定时间地点,它每时每刻都有可能发生,或者说它每时每刻都在发生;没有证人在场,或者说只有"自己"这个既是决斗士又是证人的双重角色在场,或者说只有时间这个最公正的证人在场。输赢也便常常是模糊的,说不清楚的——当然那只是暂时的——最终,还是有定论的。

这样的决斗,使用的当然都是隐形武器,比如操守,比如胸怀,比如学问,比如智慧,比如意志,比如毅力。一来二去,也便见出了高低。特别是在关键时刻,武器实在是称得上定夺乾坤的将军、元帅的。凑手的武器,只要有钱是能够买得到的;称心的武器,花再多的钱也未必。要得心应手,自己动手铸造武器是唯一的好办法。把自己的骨血、心跳、体温、气息、汗水、泪水、抗争、隐忍、渴望、呼唤、祈祷、祝福等等统统融在一起,加上天地之神气、日月之精华,加上先哲之睿智、圣贤之明慧,一把好剑就铸成了,或一支好枪就做好了。铸器的目的,当然最终还是使自己也成为一种武器,一种"非手、非竹、非丝、非桐,得之心符之手,得之手符之物"的上好武器。

愚公称得上一件上好的武器,"我要扼住命运的咽喉,它休想使我屈服"的贝多芬;在苦斗中高喊着"人不是生来要给打败的""你尽可以把他消灭掉,可就是打不败他"的桑提亚哥;"把神的恩赐发挥到极致"的阿甘,等等,无不是一件上好的武器。

"凿壁偷光"是决斗,"卧薪尝胆"也是决斗。我听说一位老人,八十多岁了,还坚持每天去登山,二十多年了,风雨无阻。这不是"决斗"是什么?我还听说一个七八岁的孩子,一边照顾着长年卧床不起的父母的生活,一边上学读书。这不是"决斗"又是什么?我曾在报上读过这样一个特写:一位像百合花一样年轻的生命,明明知道死神就在不远的地方等着她,窥视着她,觊觎着她,折磨着她,依然平静地、坚忍地写出了一篇又一篇散文,还有一部长篇……这不是"决斗",又是什么?自我决斗,看上去并不轰轰烈烈,甚至是冷冷清清的。这种精神上的决斗,从来就拒绝热闹。它像地火似的,燃烧着,突然一个耀眼的火光,那就是它的灵感,或激动。

我理解这样的决斗。

一个优质的生命就应该是这样趋于完成的。这应该是一种优秀传统。如果这样的传统被抹杀了,废除了,世界也就空洞了,地球也就变成了零。

与你共品
yu ni gong pin

　　文章从早已绝迹的欧洲决斗的习俗谈起，指出这种决斗形式上没有了，但实质仍存在，这实质便是"你死我活"。精神上的决斗便是这种你死我活的决斗。什么是精神的决斗呢？主要是自己跟自己，也就是两个"我"之间的争斗和较量。不同的做法，不同的观念，不同的意识，不同的眼光，不同的气息，不同的存在，不同的梦想……总之，有思想上的矛盾，便有精神上的决斗。

个性独悟
ge xing du wu

　　★文章所说的"精神决斗"有什么样的特点？"精神决斗"所使用的"隐形武器"指什么？第五段所说的"自己动手铸造武器"的含义是什么？

　　★为什么说"愚公""贝多芬""桑提亚哥""阿甘"都是"上好的武器"？

　　★应该怎样理解这种"精神决斗"的作用？

快乐阅读
kuai le yue du

完美与残缺 / ··· 白 帆

朋友搬进了新居，数位好友齐聚，贺其乔迁之喜。

主人不俗，懂得享受生活，虽不富裕，屋子却布置得简单而富有情趣。阳台很宽敞,悬挂着几盆花花草草,红绿相间,疏密有致,令人赏心悦目。

我们在春日的艳阳下,散漫地坐着,随意地吃着水果,喝着饮料,眺望远处的高楼,近处的鲜花和草坪,谈论轻松的话题,时空好像静止了,没有人愿意打破这份难得的温馨。

"嘿! 你们看出来没有,这几盆花草有真有假。"一位细心的女士说。

"不用手摸,不用鼻子闻,谁能在五米以外准确地指出真假,我就送给谁一盆郁金香。"主人有些得意地说。

于是大家都开始仔细地观察起来。我植物盲,奇怪,不管我怎样努力,也记不住各种花草树木的名字,更辨别不清品种的好坏,喜欢观赏植物,却总是说不出所以然来。我只知道那些能够令我心旷神怡的就一定是好植物,一文钱不值的野草,有时候比标价几千元的奇花异草更令我动心。

眼前的几个盆栽,都长得很茂盛,看起来个个碧绿如玉,青翠欲滴。花儿,也开得有声有色,汪洋恣意。猛然看去,的确难辨真假。可是看着看着,感觉出来了,我发现有三盆花依稀能够找到枯萎的残叶,有的叶片上还有淡淡的焦黄,显示出新陈代谢和风雨侵袭的痕迹。可是另外两盆,绿得鲜艳,红得灿烂,没有一片多余的赘叶,没有一丝杂草,更没有一根枯藤。一切都是精心设计精心制造的结果,它们显得完美无缺。看着它们,我那轻快的心荡起了一阵涟漪,似乎这完美的东西远不如那些夹杂着残枝败叶的新绿更令我愉快。

我曾经去过的一个美国国家级沼泽森林公园。时值枯水季节,我们很幸运,可沿着小径一直走进沼泽森林的深处,那时候,大自然的魅力深深地震撼了我。举目望去,一株株笔直挺拔的参天大树,伟伟岸岸地一直蔓延到天地的尽头,间或有几株不知何时被风吹倒的树木歪在地上,有的渐渐风化了,长满了绿苔,松鼠和一些小动物们用它做窝,嬉戏其间,别有一番情趣。我想,如果没有这些倒掉的残木,没有参差不齐一蓬一蓬的灌木丛,只有整齐划一的栋梁之材,这原始森林就会逊色多了。

世界上万事万物又何尝不是如此呢。太完美就失去了真实性。儿童的可爱,在于他们的天真和稚气,尽管他们常常摔跤,需要人搀扶。青年人的优点,在于他们敢冲敢闯,在于他们的蓬勃和朝气,哪怕他们常常会犯各种各样的错误。因为有了他们,世界才显得生气勃勃,一片生机。

其实,人生的意义,就孕育在这与艰难困苦搏斗之中。长城的雄伟壮丽,在于它不惜蜿蜒曲折,艰难跋涉于崇山峻岭之中。长江的气势恢宏,在于它历尽艰辛,绕过无数激流险滩,毫不动摇地奔腾呼啸,滚滚向东而去。没有荆棘丛生

精神的滋味

的杂木和小草,就没有长满参天大树的原始森林。没有艰难困苦,就不是完整的人生。一辈子没有受过挫折的人,是一个活得苍白乏味,活得最没意思的人。

"那盆没有枯叶的花是假的,虽然它看起来更鲜艳,更完美无缺,但是我还是喜欢真的。"有人打断了我的思绪。

看来,我的悟性实在太差,我所想到的,只不过是一个人人都知道的事实,一个非常浅显随处可见的道理。

与你共品
yu ni gong pin

　　残缺,在一定意义上是美的。作者由去贺乔迁之喜,见到主人的陈设中有真花,也有假花,浮想联翩,完美的花是假的,不完美的花才是真实的。不由得联想到游览森林公园,大自然也不是完美无缺的,有残缺,才是真实的大自然。进而作者想到人生:谁能不遇到艰难困苦?谁能不受到挫折失败?正是这些艰难困苦,才造就了人生的美好。

个性独悟
ge xing du wu

　　★阅读全文,你认为应该怎样理解作者所说的"人生是不会完美的"的含义?

　　★人生的不完美主要体现在哪里?

　　★应该怎样理解文章结尾所说的"我所想到的,只不过是一个人人都知道的事实,一个非常浅显随处可见的道理"?

　　★我们常说"要努力追求和创造一个完美的人生",可本文却说人生不可能是完美的,这两个意思是否矛盾?为什么?

快乐阅读
kuai le yue du

山路弯弯 / ···谷 声

　　读高中的三年，我一直是步行在家与学校之间 40 公里的山路上的。40 公里的山路，现在连自己听起来都有些胆怯了，但上高中的第一学期，我就回了 6 次家。第一次出远门，太想家了。大概就是因为这种想家的心情，那几次我一点儿也没体会出走山路的感觉，自然也没有真正学会走山路。

　　高考下来，紧张的神经放松了许多，与老师同学们告别后，匆匆捆好铺盖、衣服和复习资料，背着回家等录取通知书去了。这一次不是"想回家"，而是学习告一段落回家休整；不是"轻装"走路，而是"负重"远行。

　　从前的感觉没有了。走了十几里，就筋疲力尽，举步维艰了。我歇下来，躺在路边，想着长长的山路。什么是山路？山路不就是转不完的弯吗？翻过一条沟壑，就是转了一个向下的弯；越过一道山梁，就是转了一个向上的弯；绕着山根转，围着山腰旋，左一个弯，右一个弯，弯弯相扣。几乎同时我也捕捉到一点儿走山路的灵感：我是回家去，但我并不去想怎样走到家里，只是如何走过一个个大大小小的"弯"。我盯着前面那棵树，把它看做一个"弯"的终点，咬紧牙关往前走。这是个看得见的"具体"的东西"近在眼前"，心里总觉得走到那里不会太难，于是就走到了。到了那棵树，又眼盯着前面的山崖口，把它作为另一个"弯"的终点，脑子里一点儿不想山崖口前头的路，一点也不考虑要给下一段路分配力气，只管拼命往山崖口走。于是就走到了，于是又缩短了一截回家的路……

　　就这样，一个"弯"一个"弯"地各个击破，太阳落下不久，我居然就回到了家里。我一下子没有了下个"终点"，身体瘫软了，精神崩溃了，再要我走一步路似乎都不可能了。母亲一再埋怨："半路上有的是人家，咋就不知道借一宿歇歇脚。"父亲说："这小子有点拼搏精神！"我从中似乎能听出一种隐隐约约的夸赞。

假如那一天，我想到要去借宿，那么，或许第二天可能还要在外边过一宿；假如我到陌生人的家那里去借宿，那么，说不上就会遇到热心人容留我，也很可能相反碰上另一类人推我出门。但是，我走了，一直走到了家里。我没有感受到别人的温暖，更没有遭遇别人的冷酷无情。我十分珍惜这种与别人相互对视的关系。

我庆幸那一次的策略，虽然其中搀和着许多的盲目和无意，但我却得到了一种自觉的、可以永久使用的奔向最终目标的思想和行为方式。

我们常说"人生之路"，如果人生真是一条路的话，那么它就肯定是一条长长的弯弯相扣的山路；如果你觉得自己已经上路的话，那么你就肯定是负重在身的。每个人都会有自己的长远目标，但是，如果一心想着那个遥远的地方，那么很可能在行程中就会失望，就会泄气，甚至会躺倒不干，半途而废。

路是一步一步走的，日子是一天一天过的，事情是一件一件办的。如果按照"山路原理"，把一步路、一天日子、一件事情都看成人生的一个"弯"的话，那么，走一步看一步、过一天算一天、干一件是一件的分段前进的办法就不失为一种智慧了。只要下决心走好每一步路，踏踏实实过好每一个日子，拼死拼活干好每一件事情，才配得上有一个远大的奋斗目标，也才能走向那个寄自己一切心情的精神家园。

"千里之行，始于足下"，我是一个走惯了山路的人，走在任何路上都有一种走山路的感觉。

与你共品

本文作者从走山路中获得一种灵感，"弯"是"看得见的具体的东西"，是"近在眼前"的小目标，只有全力以赴，心无旁骛地完成一个个小目标，才能实现最终的大目标。作者以自己的一次走山路的亲身经历，以此引申到人生之路。文章由浅入深地阐述了生活中的道理，颇能给人以启迪。

风不能把阳光打败

个性独悟
ge xing du wu

★如何理解文章第一段中画线句子的含义。

★第三段中,作者走山路中忽然捕捉到了一种灵感,你从作者的灵感中,获得了哪些有益于你做事的启示?

★文中说"我十分珍惜这种与别人相互对视的关系"。用你的话具体说说这是怎样的关系?

快乐阅读
kuai le yue du

青春如梦 / ···欧阳斌

越是珍贵的东西越是在失去之后充分地显示出它的价值。比如青春,这个曾被我们无数次吟诵、无数次咏叹、无数次自作多情哼哼的美丽字眼,当我们拥有它时,总不免出奇地慷慨,犹如百万富翁一掷千金般地挥霍无度。一俟意识到很快就要挥手作别时,我们才蓦然醒悟:一个多么凝重而悲凉的时刻降临了!

然而,青春依然在匆匆流逝,如云,如梦——

青绿如黛的春日,起源于一叶之碧。青春之勃发,是在不知不觉间进行的。不知不觉之间,男孩子的喉结开始凸起,嗓音变粗,唇上冒出细细绒绒的胡髭,体魄像拉面似的长了。不知不觉之间,便对长辈们过多过细的溺爱和照护滋生出一种莫名其妙的反感。喜爱拧着脖子争辩,常找一些自以为是天下第一的道理来争强好胜,周身的热血如解冻的山溪飞快地漩流,内心里涌动着一个接一个的欲望,一股接一股的冲动。每个新来的日子,都像节日的太阳一样鲜嫩和充满期冀。至于女孩子,她们的脸颊开始潮红,胸脯向上悄悄隆起,体态渐次丰满,黑亮而清纯的眼睛盛满梦幻。周身则散发出天然的、幽长的、莫可言状的芳馨。她们有些害羞却从不怯于对异性的尖刻挑剔，高傲的外壳下其实掩饰着如火的激情，热衷于鲜丽的服装色调，爱在心里编织着未来的梦幻。走路一步三跳，说话清脆得像风中的银铃。

啊，少男少女，生命中最优美最令人痴迷的华彩乐章。

青春的成熟，总是在走上社会之后，这时心中的虹彩已渐次隐去，炽热的太阳也不再罩着一道神圣美丽且令人眩晕的光环，日益高涨的创造欲望与窒息创造的某种潜网形成鲜明的反差和尖锐的冲突，于是嗟叹和忧愁像泉水涌流。作一个保守的估计，大约一百个年轻人中有一半以上对自己的生活境况不满，这当然不排除阴差阳错的偶然因子，不排除复杂社会的不完善，但归根结底是自己没有清醒地认识到，世界本来就是一个有缺陷的存在，绝对的完美永远只生长在梦里。青春如梦，青春时节任何过激的言行，只要不触及法律，不危及社会，都是可以得到宽容和谅解的。由梦幻转向现实则势必经过一段阵痛。但如果把这种阵痛延伸到不应有的地步，那就不仅不应该，而且很危险。生活的热望永远是灿烂青春的内核，而颓废和玩世不恭则是堕落的开始。

青春灿然之时似乎各有各的乐趣，一旦流逝之后，便又各有各的隐痛。一些人之所以有很多日子可以回味，是因为他们在走过的路上留下了虽然歪歪斜斜但却十分清晰的脚窝。另一些人则不然，他们在过去的岁月里，混混沌沌，无所作为，最终只留下了雾一般的空白。倘若有这样的可能，让每个人将青春的日子重新过一次，我敢肯定，绝大多数生命都将比现在光彩照人得多。

青春的魅力在于结晶。青春一经结晶，就成为风吹雨打推不动的存在了。

对青春流逝的任何喟叹都无济于事。有人想出了一条挽留青春的妙计——"减少十岁"。即将自己的年龄按实际数减去十岁，然后所有的生活方式都作出相应的调整。这的确可以产生一种补偿效益，至少可以在心理上弥补些许损失。

然而我以为最根本的变革在于改变青春的量度单位，使青春的量度单位不再依赖于生理而是依赖于心理。事实上，青年拥有青春，但不等于青春，青春绝不是青年的专利。心理保持青春的魅力之所以千百倍地胜过生理拥有青春的魅力，是因为它不受任何时空的限制，不因人因事因地而异。世界上活得最好的人，是那些心理上永远年轻的人。

如梦的青春，贵在结晶。

青春，永远属于心理上年轻的人们！

风不能把阳光打败

与你共品
yu ni gong pin

　　青春是美丽的，如梦幻般，但青春也是易逝的，正像文中所说的"当我们拥有它时，总不免出奇地慷慨，犹如百万富翁一掷千金般地挥霍无度。一侯意识到很快就要挥手作别时，我们才蓦然醒悟：一个多么凝重而悲凉的时刻降临了!"对于这么美好而易逝的年华，作者揭示了保持其恒久的奥秘：青春的魅力在于结晶，青春，永远属于心理上年轻的人们。这既是作者的一种自勉自慰，也是对正值青春年华的朋友们的一种善意的提醒与美好的祝福。

个性独悟
ge xing du wu

　　★为什么说"一个多么凝重而悲凉的时刻降临了"?为什么用"凝重而悲凉"来形容"时刻"?
　　★第三段中如此细腻地描写男孩和女孩表达了作者怎样的心情?
　　★第六段运用了什么写作方法?写了哪两种人?如何理解第六段的最后一句话?
　　★写出揭示文章主旨的句子。

手 / ···叶 笛

每天，为了工作，我匆匆忙忙地赶路。

今天，我又打从那条小巷走过。忽然，一阵子狗叫，一阵烧香的芬芳叫我下意识地转了一下头。"忌中"，一张白纸条，突地映入眼睛。人真是奇怪的动物，多少熙熙攘攘为"生"钻营的人们摩肩接踵地挤在身旁却丝毫引不起注意，多少"死"同"生"一样产生于身边也不会引起关怀，但，有时毫不认识的一个女人的微笑，一个孩子娇憨的哭声，一朵野地里寂然开着不知名的小花……却会存在记忆里久久不灭。

"忌中"，这张白纸，这张显示一个生命死亡的白纸，突然挑起我的记忆，——啊！那一双手，那一双结满粗茧的、遒劲的古松之根似的一双手，顿时浮现在我眼前！那是一双在时间的流沙中磨砺了多么久的崇高的手啊！我跌落进几年前一个下午的回忆里……

那是一间不为人注意的路旁店铺"皮鞋修理店"，大概只容下两三个人蹲在地上的小铺子。那天刚好是个星期六下午，我的一双皮鞋后跟磨损得像高雄的半屏山，要丢掉却又不忍心，所以出门想找一家修理鞋子的。手上提着一双陈旧的皮鞋，边走着边想：在东京像我这双鞋，不，比我这双还要十倍新的鞋子都常看见人家扔在垃圾堆里的，然而，我竟然下不了决心扔掉它，因为它跟我一起朝夕与共地走了三年路，怎能弃如敝屣呢！我要修好它！

"老伯！你好！"

"嗯，你好！要修理皮鞋吗？"那个老伯伯——皮鞋匠瞧着我手中的塑胶袋说，"让我看一看。"

我把皮鞋取出来递给他，心里有一种让人看见香港脚底似的感觉。

"噢，皮革不错，还很结实，修理好了还可以穿好久呢！"皮鞋匠，不，那位地地道道的老实的老人仰起头对我说。

"那就给我修理吧！"听我这样说，他又翻来覆去地细看着说："换一换鞋后跟就行了！"

那一双手,就是那一双粗大结满厚茧的老松根似的手,开始在我面前钉钉子、挖洞、穿线、拿铁锤敲敲打打⋯⋯

"老伯,你干这一行多久了?"

"打 18 岁起,干了六十年了。"他不停手地说。

"现在来修鞋的多不多?"

"不多了,连穿一两回不中意的鞋子都要丢,怎么会多呢!"他依旧专心致志地工作着。

"现在这个工作过得下去吗?"

"咳!怎能过得下去!我是不工作便觉得吃饭没胃口,才在这里搞这个呢。"

"过不下去,怎么还要搞呢! "

"不搞,日子还是可以过的。就是闲不下来,而且,现在很少人愿意搞,所以我要搞! "他依然不停手地工作着。

"大量生产,皮鞋便宜,所以没有人愿意修理,是吧?"

"没有个性?"

"是啊! 没有经过手的东西,怎么会有个性?"他的眼睛里有一种迷惘,可又有一种毅然的反抗之光。

"最近,我的力量大不如以前了。本来也可以不用干,但,你想:人不是活一天就该工作一天吗?"

这些话,和那一双手,打那一天就在我的脑海里留下烙印以后,时而埋没在世事的匆忙和时间的灰尘中,时而,不经意地在一个意念中鲜活地浮现出来⋯⋯

今天,无意间瞄过这张"忌中"白纸,一种生存与死亡的微妙思绪,感染了我。让我又想起那一双手,而且,那一双手逐渐大起来,大起来,向我逼了过来⋯⋯强而有力地攫住我的心灵,令我觉得自己的一双手废而不用已经太久太久,几乎等于残废了!

人不管多么卑微或伟大,活一天就得工作一天,而工作是无所谓卑微与伟大的!

今夜,我有了一回快乐无比的失眠!

精神的滋味

与你共品
yu ni gong pin

　　作者不忍心丢弃一双与自己"朝夕与共地走了三年路"的皮鞋,到一家皮鞋修理店修鞋,然而就在这修鞋店里,作者意外地受到了一次人生意义的启迪。老鞋匠朴实的话语中却透彻着深刻的哲理,他不是为生活所迫,也不是为了以此为生,而是"不工作就觉得吃饭没胃口",人生存在这个社会,就应该向社会证明自己的价值,就应该为社会奉献自己的力量。

个性独悟
ge xing du wu

　　★作者为何不忍心扔掉这双鞋?
　　★"我把皮鞋取出来递给他,心里有一种让人看见香港脚底似的感觉",作者产生这种感觉的原因是什么?
　　★本文的主旨是什么?
　　★老鞋匠的人生态度与追求是怎样的?

快乐阅读
kuai le yue du

一个譬喻 / ···罗 兰

　　从前,有一位体育老师,教我们溜冰。
　　开始时,我不知道技巧,总是跌倒。所以,他给我一把椅子,让我推着椅子溜。果然,此法甚妙,因椅子稳当,可以使我站在冰上如站在平地上一般,不再跌跤。而且,我可以推着它进行,来往自如。

我想,椅子真是好!

于是,我一直推着椅子溜。

溜了约一星期之久,有一天,老师来到冰场,一看我还在那儿推椅子哪!这回他走上冰来,一言不发,把椅子从我手中搬去。

失去了椅子,我不觉惊慌大叫,脚下不稳,跌了下去,嚷着要那椅子。

老师在旁边,看着我在那里叫嚷,无动于衷。我只得自力更生,站稳了脚步。

这才发现,我在冰上这样久,椅子已帮我学了许多。但推椅子只是一个过程,认定要学会溜冰,非得把椅子拿开不可——没有人带着椅子溜冰的,是不是?

不要以为你离开某人就活不下去!

更不要使你自己离开某人就活不下去!

世上没有人可以支持你一生!

别人可以在必要时扶你一把,但别人还有别人的事,他不能变成你的一部分,来永远支持你。所以还是拿出力量来,承认"坚强独立,自求多福"这8个字吧!

与你共品
yu ni gong pin

本文选自《罗兰小语》。罗兰,台湾当代著名女作家。罗兰女士原名靳佩芬,她曾担任过音乐教员、广播电视台编辑、节目主持人、专栏作家。现已出版的作品有三十余种,包括《罗兰小语》《罗曼罗兰》,散文体自传《岁月沉沙》三部曲等。《一个譬喻》一文,叙述了一个通俗易懂的学习溜冰的小故事,借事喻理,"世上没有人可以支持你一生"一句点明了人应自强自立的主题,启迪读者思考生活中与之相似的事理。

个性独悟

ge xing du wu

★故事中,在我初学溜冰时,老师为什么给我一把椅子?

★当我能推着椅子自如溜冰,老师为什么又把椅子搬走呢?

★文章结尾的"坚强独立,自求多福"这8个字,在全文中起什么作用?

★作者通过这个小故事想告诉人们一个什么道理?

快乐阅读

kuai le yue du

失去四肢的泳者 / ···毕淑敏

一位外国女孩,给我讲了这样一个故事——

举行残疾人运动会,报名的时候,来了一个失却了双腿的人,说他要参加游泳比赛。登记小姐很小心地问他在水里将怎样游,失却双腿的人说他会用双手游泳。

又来了一个失却了双臂的人,也要报名参加游泳比赛,小姐问他将如何游,失却双臂的人说他会用双腿游泳。

小姐刚给他们登记完了,来了一个既没有双腿也没有双臂,也就是说,整个失却了四肢的人,也要报名参加游泳比赛。小姐竭力镇静自己,小声问他将怎样游泳,那人笑嘻嘻地答道:"我将用耳朵游泳。"

他失却四肢的躯体好似圆滚滚的梭。由于长久的努力,他的耳朵大而强健,能十分灵活地扑动向前。下水试游,他如同一枚鱼雷出膛,速度比常人还快。于是,知道底细的人们暗暗传说,一个伟大的世界纪录即将诞生。

正式比赛的那一天,人山人海。当失却四肢的人出现在跳台的时候,简直山呼海啸。发令枪响了,运动员嘭嘭入水。一道道白箭推进,浪花迸溅,竟令人一时看不清英雄的所在。比赛的结果出来了,冠军是失却双腿的人。季军是……

英雄呢?没有人看到英雄在哪里,起码是在终点线的附近,找不着英雄独特的身姿。真奇怪大家分明看到失却四肢的游泳者,跳进水里了啊!

于是更多的人开始寻找,终于在起点附近摸到了英雄。他沉入水底,已经淹死了。在他的头上,带着一顶鲜艳的游泳帽,遮住了耳朵。那是根据泳场规则,在比赛前由一位美丽的姑娘给他戴上的。

我曾把这个故事讲给旁人听。听完之后的反应,形形色色。

有人说,那是一个阴谋。可能是哪个想夺冠军的人出的损招——扼杀了别人才能保住自己。

有人说,那个来送帽的人,如果不是一个漂亮的女孩子就好了。泳者就不会神魂颠倒。就算全世界的人都忘记了他的耳朵的功能,他也会保持清醒,拒绝戴那顶美丽杀人的帽子。

有人说,既然没了手和脚,就该安守本分,游的什么泳呢?要知道水火无情,孤注一掷的时候,风险随时会将你吞没。

有人说,为什么要有这么混账的规则,游泳帽有什么作用?各行各业都有这种教条的规矩,不知害了多少人才,重重陋习何时才会终结?

我把这些议论告诉女孩。她说,干吗都是负面?这是一个笑话啊,虽然有一点深沉。当我们完整的时候,奋斗比较容易。当我们没有手的时候,我们可以用脚奋斗。当我们没有脚的时候,我们可以用手奋斗。当我们手和脚都没有的时候,我们可以用耳朵奋斗。

但是,即使在这时,我们依然有失败甚至完全毁灭的可能。很多英雄,在战胜了常人难以想象的艰难困苦之后,并没有得到最后成功。

凶手正是自己的耳朵——你的最值得骄傲的本领!

与你共品
yu ni gong pin

毕淑敏,当代著名女作家。本文在她众多的散文作品中独具一格,可以说是一篇当代的寓言。如同所有的寓言一样,本文记述了一个非常简单的故事。失去四肢的泳者凭着自己的奋斗,练就了用耳朵游泳的本领,正在他即将创造一个伟大的世界纪录的时候,由于戴上了一顶漂亮的游泳帽而死亡,由此引出了非常深刻的寓意。

精神的滋味

个性独悟
ge xing du wu

★你怎样理解这篇文章的寓意?

★当失却双腿的人来报名时,"登记小姐很小心地问他在水里将怎样游","小心"反映了小姐怎样的心理状态?当失却双臂的人来报名时,"小姐问他将如何游",为什么小姐不再"小心"了呢?当失去了四肢的人来报名时,"小姐竭力镇静自己,小声问他将怎样游泳",这反映了小姐怎样的心理活动?

★文章结尾一句"凶手正是自己的耳朵——你的最值得骄傲的本领"应该怎样理解?

★请概括文章中列举的几种"负面"的寓意。

快乐阅读
kuai le yue du

走出地平线 / ···贾宝泉

记得少年时节,自己刚刚懂得一些世事的时候,就常常这样问自己:我能够走出地平线吗?

站在故乡原野上向周遭望去,有一个灰蒙蒙的大圆环绕着我;向天宇望去,也有一个灰蒙蒙的大圆环绕着我。这两个大圆本是重合着的,是天和地热吻时留下的唇痕。自己作孩童的时候,看见这个大圆就有了一种庇护感、安全感;后来年岁渐长,便以为它是鸟之笼、骥之辔了。反正少年人有的是烂漫的奇思和憨拙的气力,在一个红花黄叶点缀秋光的清晨,我忽然异想天开:走,到地平线外看世界去!

在村头的土丘上向南眺望,有一个小村子正好坐落在地平线上。及至我走进那个村子,并没有看到一条灰蒙蒙的线从街中穿过;原来,它还在遥远的天边上。我又继续向它走去,它也继续向后退去,它和我就这样不离不弃,如影之于形。我感到了地平线对人的愚弄。它实在刺痛了一个无知而自尊的少年的心。

越是诅恨它,就越要揣摩它。我发现,在平地上认为是地平线的地方,在高山上就不是;在晴朗天气中认为是地平线的地方,在阴雨天气中就不是;孩子认为是地平线的地方,在大人眼里就不是;在视力正常人眼里是地平线的地方,在视力不正常者眼里就不是。原来,地平线并不是可以触摸的实体,只不过是一种视感罢了。再往深处去想,它竟是大地上对人类的一种安慰呢!球形的大地使每一个人都以为自己的立足点高于别的地方,与这种居高临下的心态相适应,就出现了在你周遭的地平线。

诅恨一个原来没有的事物,其实是在诅恨你自己。

每一个人都有属于自己的地平线,都有属于自己的封闭的圈——由自己建构的环形山,谁想让自己的"环形山"的面积大些,谁就得站得高些。视界越开阔就越看得清地平线。然而,不少在大城市长大的孩子,连地平线也不曾见过。他们平素里放眼环睹,见到的无非是重楼千尺,高墙四壁,人车争路。把地平线还给孩子吧,人,只有感到了圈子的存在,才有可能走出圈子。

随着视野的延展,当我把视点移向别人,移向身外的无边广大世界,我郁闷的心似乎八面来风了。原来,地平线竟是以自我为中心览世阅人的产物,是一个人远眺世界的目力极限,只要这个立足点不变,就永远也走不出自己的圈子。以自我为中心,即使你的身躯很魁伟,看到的也仍然是一个圈子;而当你想到身外还有别人,想到别人也在审度这个世界,你就会知道,在别人目力不及之处,你就在他的地平线之外;当你想到这星球上的芸芸众生每一个人都有视物极限,你又会知道,我们脚下的大地每一处都是地平线;当你懂得任何事物都是功与过的双面体,想到儿时虽然没有追上地平线,却凭借它的诱惑,它的前导,走出了父母温暖的怀抱,看到了别处的村落,看到了吹蒲公英的牧童和收获太阳花的村姑,河上人家的粗布帆和缓缓转动的风车木轮,还知道了太阳花又叫望日莲,你又会对地平线表示百倍的谢忱了。

人之所以感觉到世界环闭,人生于世如藏身巨蚌之一隅,或许,是他的思想还没有冲破牢笼?

冲破思想牢笼,就要扩展自己的襟怀,就要想到这星球本是众人的星球。我不敢说,立身于圣洁的珠穆朗玛女神高入云霄的肩上,是否看得见地平线,但是我敢断定,坐在茫茫星际飞行的太空船上,是决然看不到地平线的。

与你共品
yu ni gong pin

这是一篇极富情致与哲理的散文。情致源于对地平线的真诚的向往和探索;哲理在于对人生坐标的思索和总结。文章开篇写自己少年时代异想天开要到地平线外看世界的天真,写自己被地平线"愚弄"之后的心灵的伤痛,这是一个未涉世事的孩童的真切感悟。作者进而引发对人生的思考,只有"走出地平线",才能有所作为,成就大业。

个性独悟
ge xing du wu

★作者孩童时和少年时,感受和想法发生了根本变化,发生变化的原因是什么?

★当作者触摸它之后,得出了怎样的结论?

★你认为一个人怎样才能走出"地平线"?文章结尾部分,"我"为什么对地平线表示百倍的谢忱了呢?

★文题是"走出地平线",请回答"地平线"的象征意义。

快乐阅读
kuai le yue du

脚步声 / ···陆文夫

　　我走过湖畔山林间的小路,山林中和小路上只有我,林鸟尚未归巢,松涛也因无风而暂时息怒……突然间听到了自己的身后有脚步声,这声音不紧不慢,亦步亦趋,紧紧地跟着我。我暗自吃惊,害怕在荒无人烟的丛林间碰上了剪径。回过头来一看:什么也没有,那声音原来就是自己的脚步。

　　照理不应该被自己的脚步声吓住,因为在少年时我就在黑暗无人的旷野间听到过此种脚步。那时我住在江边的一个水陆码头上,那里没有学校。只有二里路外的村庄上有一位塾师在那里的教馆,我只能去那里读书。那位塾师要求学生们苦读,即使不头悬梁、锥刺股,也要"闻鸡起舞"。所谓闻鸡起舞就是在鸡鸣时分赶到学塾里去读早书。农村里没有钟,全靠鸡报时。雄鸡一唱天下并不大白,鸡叫头遍时只是曙色萌动,到天下大白还有一段黎明前的黑暗。我在这黑暗中向两华里之外的学塾走去,周围寂静无声,却听到身后有沙沙的脚步声,好像是谁尾随着我,回头看时却又什么也没有。那时以为是鬼,吓得向前飞奔。无论你奔得多快,那声音总是紧紧相随,你快它也快,你停它也停。奔到学塾里上气不接下气地告诉塾师,塾师睡在床上教导我说:"你不要怕鬼,鬼不伤害读书人。你倒是要当心人,坏人会来剥你的衣裳,抢你的钱。"

　　老师的教导我终身不忘。多少年来我在黑暗的旷野中行走时从来不怕鬼,只怕人,怕人在暗地里给一拳,或者是背后捅一刀。不过,这种担心近年来也淡忘了,因为近年来我很少在黑暗的旷野中行走,也很少听到自己的脚步声。

　　是的,我听不到自己的脚步声已有多年了。多年来在繁华的城市里可以听到各种各样奇妙的声响:有慷慨陈词,有窃窃私语;有无病的呻吟,也有无声的哭泣;有舞厅里重低音的轰鸣,也有警车呼啸着穿城而过……喧嚣,轰鸣,什么声音都有,谁还能听到自己的脚步声?

　　要想听到自己的脚步声,好像必须是在寂寞的时候,在孤苦的时候,在泥泞中跋涉或是穿过荒郊与空林的时候。这时候你才能清晰地听到自己的脚步声:那么沉重,那么迟疑,那么拖沓而又疲惫;踯躅不前时你空有叹息,无故狂奔后又不停地喘息。那种脚步声能够清楚地告诉你,你在何处,你从哪里来,又欲走向何处。那脚步声还会清楚地告诉你,它永远也不可能把你送到你心中的目的地。

在都市的喧嚣声中,凡夫俗子们不可能听到自己的脚步声。你一出门,甚至不出门便可听到整个的世界有一种嗡嗡的轰鸣,分不清是哭是笑是哽咽,分不清是争吵不休还是举杯共饮,分不清是胡言乱语还是壮志凌云,分不清那事物到底是假是真,分不清来者是哪个星球的人,弄到最后你自己也分不清自己了。人人都好像不是用自己的脚在走路,而是被一种看不见的力量在往前推。很难听得见自己的脚步声了,只听得耳边呼呼风响,眼前车轮滚滚,你不知道是在何处,忘记了是从哪里来,又到哪里去。行动就是一切。

偶尔回到空寂的林间来了, 又听到了自己的脚步声。听到这种声音的时候,似乎觉得有一股和煦的风、一股清冽的水穿过了心头。好像又回到了青少年时代,好像又回到了孤寂的时候。仔细听听,还是那从前的脚步声,悠闲而有些自信,只是声音变得更加轻微,还有疲惫之意。是的,我从乡间走来,迈过泥泞的沼泽,走过的碧野千里,那脚步当然会失去原有的弹跳力。可它还是存在着,还是和我紧紧相随,有这一点也就聊以自慰。我不希望那脚步会把我送到我心中的目的地,那个目的地是永远也不会到达的,如果我能到达的话,后来者又何必去跋涉?

心中的目标虽然难以达到,脚步却也没有白费,每走一步都是有收获的。痛苦是一种收获,艰难是一种收获,哭泣也是一种必不可少的体验,要不然你怎么会知道欢乐、顺利和仰天大笑是什么滋味?能走总是美好的。我不敢多走了,在湖边的岩石上坐下来,想留下前面的路慢慢地走,不必那么急匆匆地一下子就走完。

太阳从不担心明天的路,一下子便走到了水天相接处,依偎在一座青山的旁边。我向湖中一看,突然看见有一条金色的光带铺在平静的湖水上,从日边一直铺到我面前,铺到我脚下的岩石边,像一条宽阔的金光大道。只要我一抬脚,就可以沿着这条金光大道一直走到日边,走到天的尽头,看起来路途也不遥远,走起来也不十分方便。这种景象我见过多次了,它是一种诱惑,一种人生的畅想曲,好像生活的路就是一条金色的路,跃身而下就可以走到天的尽头,走到你心中设想的目的地。可你别忙,你只须呆呆地在岩石上多坐片刻,坐到太阳下沉之后,剩下的就只有一片白茫茫的湖水,你没有金光大道可走,还得靠那沉重的脚步老老实实地挪向前。

风不能把阳光打败

与你共品
yu ni gong pin

陆文夫,1928年生于江苏。著有小说集《小巷深处》《小巷人物志(一)》《美食家》等。

这是一篇内涵十分丰富的文章。他在人生坎坷的经历中坚持倾听自己的"脚步声",才经得住各种磨难和诱惑,并将这一切变成自己的精神财富,从而逐步接近自己的人生目标。

文题"脚步声"含义深刻,不是指人脚落地发出的响声,而是指人生奋斗的轨迹。人生旅途要靠这脚步去走,尽管这脚步"永远也不可能把你送到你心中的目的地",但你还是要"靠那沉重的脚步老老实实地挪向前",因为人生的奋斗目标没有终点。

个性独悟
ge xing du wu

★第二段开头写道:"照理不应该被自己的脚步声吓住,因为在少年时我就在黑暗无人的旷野间听到过此种脚步",作者什么原因在黑暗无人的旷野间行走?作者那时害怕脚步声的原因是什么?塾师是怎样教导他的?

★第三段中"这种担心近年来也淡忘了"的原因是什么?读第八段回答,为什么说"能走总是美好的"?

★第五、六两段画线部分所记叙的内容不矛盾吗?为什么?

★对于"你没有金光大道可走,还得靠那沉重的脚步老老实实地挪向前"一句,你是如何理解其中的含义的?

快乐阅读

精神的滋味

寂寞/···陆蠡

当一个人独处的时候,当他孤身长途旅行的时候,当幸福和欢乐给他一个巧妙的嘲弄,当年和月压弯了他的脊背,使他不得躲在被遗忘的角落,度厌倦的朝暮,那时人们会体贴到一个特殊的伴侣——寂寞。

寂寞如良师,如益友,它在你失望的时候来安慰你,在你孤独的时候来陪伴你。但人们却不喜爱寂寞。如苦口的良友,人们疏离它,回避它,躲闪它。终于有一天人们会想念它,寻觅它,亲近它,甚至不愿离开它。

愿意听我说是怎样和寂寞相习的么?

幼小的时候,我有着无知的疯狂。我追逐快乐,像猎人追赶一只美丽的小鹿。这是敏捷的东西,在获不到它的时候,它的影子是一种诱惑和试探。我要得到它,我追赶。它跑在我的面前。我追得愈紧,它跑得愈快。我越过许多障碍和困难,如同猎人越过丘山和林地,最后,在失望的草原上失去了它。一如空手回来的猎人,我空手回来,拖着一身的疲倦。我怅然,我懊丧,我失去了勇气,我觉得乏力。为了这得不到的快乐,我是怏说欲病了,这时候有一个声音拂过我的耳际,像是一种安慰:

"我在这里招待你,当你空手回来的时候。"

"你是谁?"

"寂寞。"

"我还有余勇追赶另一只快乐呢!"我倔强地回答。

我可是没有追赶新的快乐。为了打发我的时间,我埋头在一些回忆上面。

如同植物标本的采集者,把无名的花朵采集起来,把它压干,保存在几张薄纸中间,我采撷往事的花朵,把它保存在记忆里面。"回忆中的生活是愉快的。"我说。"我有旧的回忆代替新的快乐。"不幸,当我认真去回忆,这些回忆又都是些不可捉摸的东西。犹如水面的波纹,一漾即灭;又如镜里的花影,待你伸手去捡拾,它的影子便被遮断消失,而你只有一只空手接触在冰冷的玻璃面上。我又失败了。"没有记忆的日子,像一本没有故事的书!"我感到空虚,是近乎一种失望。于是复有一个关切的声音向我嘤然细语:

"我在这里陪伴你,当你失去回忆的时候。"

"谁的声音?"我心中起了感谢。

"寂寞。"

我没有接近它,因为我另有念头。

我有另一个念头。我不再追赶快乐,不再搜寻记忆,我想捞获些别的人世的东西。像一个劳拙的蜘蛛,在昏晓中织起捕虫的网,我也织网了。我用感情的粘丝,织成了一个友谊的网,用来捞捉一点儿人世的温存。想不到给我捞住的却是意外的冷落。无由的风雨又吹破了我的经营,教我无从补缀。像风雨中的蜘蛛,我蜷伏在灰心的檐下,望着被毁的一番心机,味到一种悲凉,这又是空劳了,我和我的网!

"请接受我的安慰吧,在你空劳之后。"

这是寂寞的声音。

我仍然有几分傲岸,我没有接受它的好意。

岁月使我的年龄和责任同时长大,我长大了去四方奔走,为要寻找黄金和幸福。不,我是寻找自由和职业。我离开温暖的屋顶下,去暴露在道途上。我在路上度过许多寒暑。我孤单地登上旅途,孤单地行路,孤单地栖迟,没有一个人做伴。世上,尽有的是行人,同路的却这般稀少!夏之晨,冬之夕,我受等待和焦盼的煎熬。我希望能有人陪伴我,和我抵掌长谈,把我的劳神和辛苦告诉他;把我的希望和志愿告诉他,让我听取他的意见,他的批评……但是无人陪伴我,于是,寂寞又来接近我说:

"请接受我的陪伴。"

如同欢迎一个老友,我伸手给它,我开始和寂寞相习了。

我和寂寞相安了。沉浮的人世中我有时也会疏离寂寞。寂寞却永远陪伴我,守护我,我不自知。几天前,我走进一间房间。这房里曾住着我的友人。我是习惯了顺手推进去的,当时并未加以注意。进去后我才意识到友人刚才离开。友人离开了,没留下辞别的话却留下一地乱纸。恍如撕碎了的记忆,这好像是情感的毁伤。我恍然望着这堆乱纸,望着裸露的卸去装饰的墙壁,和灰尘开始积集的几凳,以及肩闭着的窗户。我有着一种奇怪的期待,我心盼会有人来敲这门,叩这窗户。我希望能够听见一个剥啄的声音。忘了一句话,忘了一件东西,回来了,我将是如何喜悦!我屏息谛听,我听见自己呼吸的声音和心脏的跳动,室内外仍是一片沉寂。过度的注意使我的神经松弛无力,我坐下来,头靠在手上,"不会来了,不会来了。"我自言自语着。

"不要忘记我。"一个低沉难辨的声音。

我握上门柄,心里有一种紧张。

"我是寂寞,让我来代替离去的友人。"

"别人都离开而你来了,愿你永远陪伴我!"

啊,情感是易变的,背信的,寂寞是忠诚的,不渝的。和寂寞相处的时候,我心地是多么坦白,光明!寂寞如一枚镜,在它的面前可以照见我自己,发现我自己。我可以在寂寞的围护中和自己对语,和另一个"我"对语,那真正的独白。

如今我不想离开它,我需要它做伴。我不是憎世者,一点点自私和矜持使我和寂寞接近。当我在酣热的场中,听到欢乐和乐曲,我有点多余的感伤,往往曲未终前便想离开,去寻找寂寞。音乐是银的,无声的音乐是金的。寂寞是无声的音乐。

寂寞是怎模样?我好像能够看到它,触摸到它,听见它。它好像是没有光波的颜色,没有热的温度,和没有声浪的声音。它接近你,包围你,如水之包围鱼,使你的灵魂得在它的氛围中游泳,安息。

 与你共品
yu ni gong pin

陆蠡,现代散文家。1942年因出版《前夕》被日寇逮捕入狱,死于狱中;以散文诗《海星》步入文坛,曾出版《竹刀》和《囚绿记》。他的文笔缜密、漂亮、感情深沉朴实,《寂寞》一文,以拟人的方法,把"寂寞"这一伴侣尽情地书写。有情有义的"寂寞",从相知、相识、相理解、相伴,反映文中人的坎坷经历,表现了作者那火热追求、踏实的人生。作者通过与"寂寞"心灵的独白,倾诉内心世界的感受,语言委婉,流畅。

个性独悟
ge xing du wu

★在作者看来"寂寞"像什么？在人们那里"寂寞"受到什么境遇？

★在作者体验中，什么时候人们会想念、寻觅、亲近"寂寞"，甚至不愿离开它，体贴到是一个特殊的伴侣呢？

★作者在叙说同"寂寞"相习的过程中，分了四层，请用" ‖ "标明，这相习的过程中，作者与"寂寞"是怎样发展的呢？

★作者的眼中"寂寞"怎么样?作者怎样评价音乐与寂寞呢?

快乐阅读
kuai le yue du

你有没有使自己惊奇过/···吴光远

每一个人的内部都具有相当大的潜能。爱迪生曾经说："如果我们做出所有我们能做的事情，我们毫无疑问地会使我们自己大吃一惊。"从这句话中，我们可以提出一个相当科学的问题："你一生有没有使自己惊奇过?"

有一次，我阅读到一个极富戏剧性的故事，说的是战争期间一名海军水兵的事。这位脑筋清楚、思路条理分明的人，使得他身边的人无不感到惊奇，毫无疑问，他在危机中表现出来的能力也使他自己惊奇不已。

现在我们来说这段故事。在二战期间，一艘美国驱逐舰停泊在某国的港湾，那天晚上万里无云，明月高照，一片宁静。一名士兵例行巡视全舰，突然停步站立不动，他看到一个乌黑的大东西在不远的水上浮动着。他惊骇地看出那是一枚触发水雷，可能是从一处雷区脱离出来的，正随着退潮慢慢向着舰身中央漂来。抓起舰内通讯电话机，他通知了值日官，而值日官马上快步跑来。他们也很快地通知了舰长，并且发出全舰戒备讯号，全舰立时动员了起来。官兵都愕然地注视着那枚慢慢漂近的水雷,大家都了解眼前的状况,灾难即将来临。军官立刻提出各种办法。他们该起锚走吗?不行,没有足够的时间;发动引擎使水雷漂离开?不行,因为螺旋桨转动只会使水雷更快地漂向舰身;以枪炮引发水雷?也不行,因为那枚水雷太接近舰里面的弹药库。那么该怎么办呢?放下一只小艇,用一根长竿把水雷携走?这也不行,因为那是一枚触发水雷,同时也没有时间去拔下水雷的雷管。悲剧似乎是没有办法避免了。突然,一名水兵想出了比所有军官所能想到的更好的办法。"把消防水管拿来。"他大喊着。大家立刻明白这个办法有道理。他们向舰艇和水雷之间的海上喷水,制造一条水流,把水雷带向远方,然后再用舰炮引炸了水雷。

这位水兵真是了不起。他当然不凡——但是他却只是个凡人。不过他却具有在危机状况下冷静而正确思考的能力。我们每一个人的身体内部都有这种天赋的能力。也就是说,我们每一个人都有创造的潜能。不论有什么样的困难或危机影响到你的状况,只要你认为你行,你就能够处理和解决这些困难或危机。对你的能力抱着肯定的想法就能发挥出积极心智的力量,并且因而产生有效的行动。

你有没有听过一只鹰自以为是鸡的寓言?

寓言说,一天,一个喜欢冒险的男孩爬到父亲养鸡场附近的一座山上去,发现了一个鹰巢。他从巢里拿了一个鹰蛋,带回养鸡场,把鹰蛋和鸡蛋混在一起,让一只母鸡来孵。孵出来的小鸡群里有了一只小鹰。小鹰和小鸡一起长大,因而不知道自己除了是小鸡外还会是什么。起初它很满足,过着和鸡一样的生活。

但是,当它逐渐长大的时候,它内心里就有一种奇特不安的感觉。它不时想:"我一定不只是一只鸡!"只是它一直没有采取什么行动。直到有一天,一只了不起的老鹰翱翔在养鸡场的上空,小鹰感觉到自己的双翼有一股奇特的新力量,感觉胸膛里心正猛烈地跳着。它抬头看着老鹰的时候,一种想法出现在心中:"养鸡场不是我呆的地方。我要飞上青天,栖息在山岩之中。"

它从来没有飞过,但是它的内心里有着飞的力量和天性。它展开了双翅,飞升到一座矮山的顶上。极为兴奋之下,它再飞到更高的山顶上,最后冲上了青天,到了高山的顶峰,它发现了伟大的自我。

当然会有人说,那不过是则很好的寓言而已。我既非鸡,也非鹰。我只是一个人,而且是平凡的人。因此,我从来没有期望过自己能做出什么了不起的事来。或许这正是问题的所在——你从来没有期望过自己能够做出什么了不起的事来。这是实情，而且这是严重的事实，那就是我们只把自己钉在我们自我期望的范围以内。

换句话说，让挑战提高你的战斗精神。你没有充足的战斗精神，你就不可能有任何的成就。因此你要能发挥战斗精神，它会引出你内部的力量，而把它付诸行动。

与你共品
yu ni gong pin

本文叙述了两个故事：一个是战争期间一名海军水兵的故事，另一个是关于一只小鹰的寓言。读两个故事，我们懂得：每个人都有创造的潜能。相信自己，就能创造奇迹，就能令自己惊奇。

个性独悟
ge xing du wu

★小鹰之所以能飞上天空，是因为什么？

★从第九段中找一句话来解释"我们只把自己钉在我们自我期望的范围以内"这句话的含义。

★你有过让自己惊奇的经历吗？结合文章内容谈谈你的体会。

激情人生 / ···洪 丹

精神的滋味

激情何物？激情是一种心灵的磨砺，一种承认现实的生活态度，一种理性的人生选择；是无论在任何情况下，对生活都充满希望的心理状态。

商品化的社会对人性、个性的异化或弱化，以及日趋加剧的生存竞争，使人们内心产生焦灼和不安全感。作为社会个体，我们需要的是什么？是社会保障还是怜悯同情？不，两者都不需要，我们需要的是一种乐观向上的生活态度，一种逆境奋斗的拼搏精神，一种激情。

父亲常道："唉，老了，没有激情了。"错！那不是理由而是借口。激情无时间状态可言，它是一种永恒，只是这种永恒需要你用一生的时间来体会。也有些人认为，激情是艺术家、文学家们的事，与我无关，我只求平平淡淡地度完此生足矣，这也就是道家所提倡的"无为"。我讨厌"无为"，因为它是可怕的。鲁迅先生说："我们唯一的资本就是生命。以生命来投资，为社会做一点事，总得多赚一点利才好；以生命来做利息小的牺牲，是不值得的。"既然已决定要走完这一生，就要轰轰烈烈，即使失败也无怨无悔。

激情甚至决定着整个人生。一旦激情流逝，或失去依托，生命便会划上句号。当然这里所讲的生命并不完全等同于生理意义上的生命。

作为学生，我们更需要激情。我们终要走向社会，无论是显赫大员或是平庸之辈，都要用智慧服务于这个社会。当市场经济正以其自身的多元性与复杂性在我们周围形成多姿多彩的社会风景线，并深刻改变着国人的生活模式、思维习惯和文化观念时，倘若没有相应的激情与这种社会变化相适应，则难免会沦为时代的落伍者。我们应该是走在社会最前沿的，倘若连我们都失去了激情，那整个社会还有什么激情可言！

大海在退潮时把贝壳留在沙滩，太阳在谢幕后把星星留给苍穹。我们在离开之前，应该留给世界什么呢？——请燃烧起你的激情吧，给这世界留下色彩斑斓的一笔！

【简 评】

　　作者从下定义入手，以高度凝练的语言逐层剖析"何谓激情——为什么需要激情——缺少激情的不良后果"等等，文章脉络清晰，层层深入。更可贵的是，文章本身也是激情洋溢，题目"抓"人，文末将结论自然化作对激情的赞美与呼唤，撼人心魄。

蜡烛与太阳 / ···丁 磊

　　清晨，旭日东升，黑暗逐渐消退得无影无踪。万物复苏了，它们尽情享用这无边的光华，种子萌发着，幼苗成长着，一派生机勃勃。

　　傍晚，当夕阳隐去，夜幕降临的时候，蜡烛无声无息地燃起，给人间带来光明和温暖，只偶尔爆出一两个烛花，直至身躯燃尽，留下一室蜡香。

　　上面这两幅生活中普通的画面，却牵动了我的思绪，引起我的无限的遐想。

　　太阳，光芒万丈，灿烂辉煌，自然界的一切能量，从根本上说，皆来自太阳，它可谓伟大极了。

　　而蜡烛既没有庞大的身躯，更没有巨大的能量，似乎是平凡极了。

　　蜡烛的一生是无偿奉献的一生。只需一根火柴，它便默默地燃烧自己，毫无怨言地贡献自身的光和热，给人们照明、指路。这一切虽无惊天动地之处，但这正是它的伟大之所在，难道不是吗？消耗自己的生命，为别人添光彩，这恰是蜡烛的精神。古诗云"蜡炬成灰泪始干"，这是叹惜，更是赞颂。

　　太阳，我又看到了那耀眼的太阳，它又何尝不是如此呢？人常说太阳是永恒的，但实际上，太阳也像自然界的其他事物一样，有产生，也有消亡。它也是在燃烧自己，用自己的生命为自然和人类奉献。

　　多么伟大的奉献精神！

　　有了阳光，山川河流才有光彩；有了阳光，花草树木才有生机；有了阳光，人们才有春耕的欢欣，秋收的喜悦。

烛光尽管微弱,却能带来一室温暖,带来一线光明,能鼓起人们的勇气,去战胜黑暗,迎接新的光明。

生活的真谛也如此——在于奉献。

每天,当我们从柔软的床上爬起,可曾想到,清洁工人已经悄悄地打扫了城市,他们无论酷暑,还是严寒,总是这样默默地清扫一切污秽,这不是奉献精神的体现吗?

每天,当我们在宁静的知识殿堂中吸取营养时,可曾想起祖国边境线上,我们的同龄人正守卫在那里,用生命维护着后方的安宁与和平。这难道不是奉献精神的体现吗?

……

所有的奉献者都是快乐的,他们可以自豪地说:"我无愧于生命。"不是吗?他们的生命已经化为一首首生命的赞歌。

【简 评】 jian ping

太阳,光芒万丈,为万物之能,可谓伟大至极,而小小的蜡烛,只需一根火柴,就会默默燃烧自己,为人们奉献自己的光和热。作者在观察中找到灵感,借物喻人,升华成全文的中心论点,巧妙地论证了无私奉献的精神。

平凡是美 / ··· 靳银颖

谈起美,人们往往首先想起绚丽的烟火,雄伟的长城,想起那些不寻常的动人心魄的辉煌事物。其实,更多的美,却诞生于平凡,蕴含于平凡之中。

风霜雨雪是再平常不过的气候现象,然而"春风又绿江南岸",你能说春风不美?"霜叶红于二月花",你能说霜叶不美?"天街小雨润如酥",你能说小雨不美?"千树万树梨花开",你能说雪花不美?你或许注意过草尖上的露珠,虽然它平凡到只是一滴水,却晶莹剔透,反射着七彩的光芒,谁又能说它不美?这许许多多平凡的事物,也蕴含着美,体现着美。

自然的美如此,那么生活的美呢?

著名的油画《晚钟》,画的是一对农家夫妇在傍晚收工时相对而立的情景。表情恬静、谐和的农人的背后,是红色夕照下的褐色土地和远处隐约的村庄。安然、自足、祥和的田园风景让人油然想起了"暖暖远人村,依依墟里烟""采菊东篱下,悠然见南山"等千古传颂的诗词——生活中的美不正是体现在这样一些平淡、平常、平凡的小事情上?

至于人的心灵之美,体现在那些英模之外的,就更多了。君不见,鬓发苍苍的老人的一个慈祥的微笑,人满为患的公交车上为老人让座的少女的一个自然的举止,夜色深沉的校园内伏案备课的老师的身影,"午夜心桥"直播节目中主持人从心底流淌出的温柔的问候……

辉煌悲壮的美令人赞叹折服,温柔婉丽的美让人熨帖舒怀,而生活中平凡的美却能使人感到亲切会心如春风入怀。伟大的美靠的是机遇、才华和终生情操的陶冶,而平凡的美来自于心的每一次跳动,爱的每一次交流。

【简 评】 jian ping

尘世中,无数人眷恋轰轰烈烈,其实,平凡给你我的感受总比华美更可爱。保持一颗平常心,才会超脱世俗观念,对朴素之美另眼相看。也唯有如此,我们的生活才会多一份自然、充实,我们的心灵才能淡泊、致远。正如作者说的那样:"平凡的美来自心的每一次跳动,爱的每一次交流。"爱平凡吧!人们。

品味孤独 / ···邓 珏

天色渐渐暗了下来,我提起书包走出校门,消失在一片粉色的晚霞之中。

独步街头,想起今天是我的生日。然而父母都不在身边,失望和孤独一时间涌上心头。

天气很冷,我不禁打了个寒战,感觉更孤独。回到家,看蛋糕上闪烁着的微弱的烛光,在孤独的苦涩中,我想了很多很多。

在人生漫漫长路中,孤独常常不请自来地出现在我们面前。在广阔的田野上,在"行人欲断魂"的街头,在幽静的校园里,在深夜黑暗的房间中,你都能隐约感受到孤独的灵魂。

孤独仿佛一个拥有天使品质的小精灵,他常常隐藏在你心灵的深处。很多人认为孤独是可怕的,其实不然,孤独是一种神圣的美,它美得含蓄,美得让人落泪、让人陶醉。人们常常认为孤独就是寂寞,其实不是这样。寂寞时,可以让友人们陪你闹一闹,寂寞也就如幻影般消失在一片灿烂中。而孤独不同,孤独时可能会越闹越孤独。这也正是孤独的滋味和魅力。

孤独会给人以灵感,英国著名作家JK·罗琳女士在孤独中写下了让人百看不厌的《哈利·波特》。她曾经在这本书问世时,激动地对全世界人说:"《哈利·波特》是孤独的产物,是孤独给了我灵感、给了我力量!"

孤独也是考验人们意志品质的试金石。意志品质薄弱者经受不住孤独的考验,而意志顽强者却能在孤独中更加坚强。革命年代,江姐不幸身陷囹圄,被关在黑暗潮湿的牢房。在孤独中,她更加坚定了报国的信念。在绝望中,她学会了坚强,面对敌人的严刑逼供,她坚贞不屈,以钢铁般的意志与敌人斗争到底。

孤独能使人舒心。孤独是没有声音的,它足以让你平心静气地面对现实。孤独过后,再回到多变的现实中去,你会感到无比的畅快与兴奋。

当看着生日派对后的残烛,当看见一只青鸟划过天际,我也许会感动,也许会孤独。但这种孤独绝不是伤感。就如同一杯未加糖的浓浓的咖啡,喝上一口,很苦,但苦过之后,你会爱上它,因为它余味无穷。

既然,孤独是那样的美,那么,何不让你的孤独在梦中轻舞飞扬?

我回到现实之中,吹灭蜡烛,发现蛋糕边有一张字条上面写着:"孤独,也是一种美好的人生境界。"

我笑了。

【简 评】
jian ping

　　这篇文章选取一种看似平常却又难以说清的情感——孤独作为写作的对象,通过品尝—解读—发现,揭示了"孤独也是一种美好的人生境界"的内涵,作者文笔细腻、娓娓道来,引起读者的共鸣和回味。

你站在桥上看风景

看风景的人在楼上看你

明月装饰了你的窗子

你装饰了别人的梦

在

岁月中穿行

人生卷

我不去想是否能够成功

既然选择了远方

便只顾风雨兼程

我不去想能否赢得爱情

既然钟情于玫瑰

就勇敢地吐露真诚

我不去想身后会不会袭来寒风冷雨

既然目标是地平线

留给世界的只能是背影

我不去想未来是平坦还是泥泞

只要热爱生命

一切,都在意料之中

理发的悲喜剧／···尧山壁

　　理发，虽然对于一般人像吃饭穿衣一样习以为常，可是对于我却有着极不平常的经历，是一出多幕的悲喜剧。每次理发，它总在我头脑中重演一次，过一次电影。

　　理发，在我的故乡叫剃头，我从小就怕。

　　我的童年是在一个极为偏僻的乡村度过的，方圆几十里也没有一个剃头铺，只有逢年过节才偶尔看到一个走村串户的剃头挑子。俗话说剃头挑子一头热，一边是凳子，一边是水盆。乡下人不大讲卫生，一盆水能洗几个、十几个头，最后剩下一盆浑汤，一盆底子黑泥。就这样，一般庄户人也很少舍得找剃头把式，因为剃一次头要花两三升高粱的价钱，大多数人没那福气。通常是一条街伙用一把钝刀头，剃头刀利用率越高，钢刀消耗越快，最后是一把钝铁片子在脑袋上割锯。大人尚且龇牙咧嘴难以忍受，何况娇嫩的孩子们。尤其是我，每剃一次头像上一次杀锅一样，嚎叫半天，所以总是长发披头。母亲心疼我上火，特别是夏天捂一头痱子，便用做活儿的剪子给我铰，结果青一块白一块，别人笑话我是花狸虎，我再不让铰了，母亲又卖了半个土布，买了一把剃头刀，学着给我剃头。每一次都是连吓唬带哄，把我摁到凳子上，眼前摆好瓜果梨桃，不剃完不准吃。我是含着眼泪吃，母亲花的代价也很大，都是嘴上省出来的。在我们家乡一带，农民一年到头吃米查子窝窝，就是用高粱做粉条，去了淀粉，剩下的米查子捏成窝窝，口涩不算，还硬实似铁。我每剃一次头，锅里就少几个窝窝头。

　　直到在镇上上高小，我的头还是回去母亲剃。那时城市里的分头、背头才开始流传到农村。同班的学生大部分留起了分头,可我都当了班长,头上还顶着个"茶壶盖儿"。那是农村儿童一种古老的发式,像电影《少林小子》那帮孩子那样,脑袋周围剃光,脖子后头留一绺"九十毛",头顶上留巴掌大一块桃形长发,像女人的刘海儿模样耷拉在脑门,据说桃形取寿的意思,是为了孩子成人,一般都从胎毛留到八九岁,又叫"桃儿"。而且母亲连我的乳名也叫老桃。小时候,我爱我的桃儿,母亲常常把它梳成朝天一炷香,还扎上红头绳,插上一朵野花。长大了,我不喜欢它了,越看人家头上的头发越精神,越看自己的桃儿越寒碜,哭闹着要把桃儿换成分头。母亲说什么也不答应,有一天我自己拿剪刀要剪掉它,这一下可犯了母亲的大忌讳。她像发了疯一样扑过来,夺了我手中的剪子,抱起我失声恸哭起来,哭得那样伤心。

我头上的桃儿是母亲的命根子,根根头发都牵动着母亲那颗伤痕斑斑的心。

我是家里的独根苗。父亲是当地很出名的八路军连长,在我落生十四天时壮烈牺牲了。敌人扬言斩草除根,到处追捕我母子。母亲抱着我东躲西藏,流浪四五个县,后来被抗日县政府收留,所以我襁褓里就跟着过游击生活,1942年环境残酷,寄养到舅父家里。母亲月子里饱经惊吓,没有奶水,我靠高粱糊糊喂大,又黄又瘦,母亲二十多岁守寡,守着我这一根弱苗,生怕有个闪失,对不住我父亲。一年到头苦扒苦业,连日彻夜纺花织布,维系我的生命。没办法就求救于迷信,作为精神支柱。从小相依为命,我也最爱我的母亲了。以后,我再也不敢动自己头上一根毫毛了,那个桃儿就叫它长到老吧。

1952年暑假,我考上了隆尧省立中学。全班50名同学年岁相差很大,大的胡子拉碴,已经有老婆孩子。小的鼻涕滴答,晚上还尿床。排起队来,由高到低,一条斜线。报起数来,有的瓮声瓮气,有的奶声奶气,好像风琴上一排琴键发出的不同音阶。懂事的大哥哥,淘气的小弟弟,相处得很好,其中也少不了青少年们特有的顽皮、戏闹。

开学半月以后,同学们戏闹的眼光集中到我头上的帽子了。我的帽子并不特别,是家做的紫花土布帽子。特别的是,我的帽子一天二十四小时总捂在头上。同学们好奇,冷不防地来摘,可我也机灵得很,双手抱头死死不放,就连晚上睡觉也保持着高度警惕。慢慢地,背后议论起来。有的猜我可能是花木兰女扮男装,有的猜可能是头上有秃疮,手脚收敛起来。过了几天他们又私下研究起来,看我发育不像闺女,也不像秃子,两鬓搭拉下来的头发又黑又亮。

有一天,班长通知我去学生会理发室,说是要卫生大检查,不合格的大会批评。我忧心忡忡地跟在班长后面,来到一座八角亭改装的屋子里,扎下头再也抬不起来,心嗵嗵地跳,汗细细地冒,听门外唧唧喳喳有人议论。叫号到我了,班长扶我到椅子上坐下,我又下意识地双手抱起头来。麻脸的理发员眨了眨眼,说是歇一会儿,卷起旱烟抽起来。忽然,冷不丁从背后把我的帽子掀下来,看到了我这位中学生的奇怪的发式,大家愣了一会儿,然后哈哈大笑起来,又从门外涌进来几个看稀罕的,羞得我无地自容。我迫不得已把头发的经历讲述了一遍。

中学里生活条件好多了,每月4元钱的伙食费,一天三顿小米干饭,每星期一一顿白面馍馍,期末考试还杀了一头猪。这种生活对于吃糠咽菜长大的我,已经是天堂般的待遇了。回到家里,母亲看我又白又胖,活蹦乱跳,欣慰地端详了半天。觉得她的儿子进了国家的保险柜。在我再三要求下,母亲亲手剪掉我头上留了十三年的茶壶盖儿,学着给我剪了个小平头。我自己也觉着长大了,把名字中的桃也改做了陶。

1962年我大学毕业,成为国家干部了。说不清是什么鬼使神差,诱惑我在天津进了一次理发馆,由于和平路上理发都排队,只有南京理发馆人少,我贸然进去了。女理发师见我一身家做土布衣服,大口罩上的双眉一蹙,嘀咕了几句,扭动着身子走了,换过来一位上了年纪的师傅。老师傅像剪枫树一样大刀阔斧地夺枝打杈,然后问了我一句什么,我也没听清,却糊里糊涂点了点头。这下子可麻烦了,又是吹风,又是上油。我更加不自然了,身上热乎乎地,头上直冒汗,害得老师傅不断地往我额头脖根上扑粉。看到镜子里的我,吹风机制造的波浪,发出亮光,还有一股呛鼻子的气味儿,眼前开始出现母亲的剃头刀、瓜果梨桃、米查子窝窝。我心里不安起来,脸上红一阵白一阵,慢慢地泪眼模糊,什么也看不清了。理完发,我摸出5角钱,以为还得找回角儿八分。老师傅摇摇头伸出三个手指头,再补3角。8角钱,在当时是个让人心疼的数字。我懊丧极了,刚走出理发馆门,就用两手狠狠地把头发划拉乱了,把这位老师傅几十分钟精心制造的美完全破坏了。这时,我的心情才稍稍平静下来。那是我今生第一次也是最后一次进理发馆了。

再往后,就是搞对象拍合影,爱人嫌我头发乱,要我理完发吹过风再照。我面带难色,这次毕竟不是中学时代了,我把自己有关理发的经历详细地告诉了她。她像听故事一样入了迷,眼角里涌出了泪水。她不要我进理发馆了,说要是带着桃儿照才好呢。并且说,她要接母亲的班,把理发的事全包下。结婚以后,她果然首先买了一套双箭牌推子、剪子,学着给我理发。理发毕竟不是多么复杂的工艺,她很快学会了。效果不比街里甲级理发店差。同志们问我哪儿理的,我有点自豪地说:家庭理发馆。

年过四十,我的头大概因为伤感太多,变得脆弱,未老先衰,一根根不辞而别。我一根白发也没有,只是头顶渐渐稀疏起来,还是贤妻心细,把我的发式改作更大的偏分,把左边的头发调动过来,借缕乌云掩秃山。这样的技术,高级理发馆也未必做得到。所以,在家中每理一次发,就觉得是一次享受。在机关的时候,每二十天就要来理一次,说头发长了上火。可是出门两个月,也攒起来回家理。多年来形成的一种习惯,一种心理。我的发式,我的美,是命中注定要在家庭里制造的。

如今,我歇顶越来越厉害。头顶上一个乳白色的桃儿渐渐显现,大有返老还童的意思。对于我,现实和童年是永远联系在一起的。

与你共品
yu ni gong pin

文章通篇叙述的都是围绕理发的家事,有苦难母亲的养育,有善解人意的妻子的深情。即使在最悲苦的日子里,在生活最美好最值得珍贵的时日,流在我心中的一条血脉是自幼养成的特有的淳朴与刚毅,是诚挚而热烈地对母亲与妻子的亲情。作者能把理发那么个小事,写得那么广阔,悲喜交集,写出他特殊的人生历史和心灵历程。

个性独悟
ge xing du wu

★"对于我,现实和童年是永远联系在一起的"这句话,你如何理解?

★画出文中令你感动,唤起你深思的语句并简述你的体会。

快乐阅读
kuai le yue du

一颗豆粒 / ··· [日] 铃木健二

我认识一位视一颗豆粒为自己的生存意义的夫人。

她大儿子上小学二年级，二儿子上小学一年级的时候，悲剧降临她家。丈夫因交通事故身亡。这是一次非常微妙的交通事故，丈夫不仅自己身亡，而且最后还被法庭判成了加害者。为此，他的妻子只得卖掉土地和房子来赔偿。

母亲和两个孩子背井离乡，辗转各地，好不容易得到某一家人的同情，把一个仓库的一角租借给她们母子三人居住。

只有三张榻榻米大小的空间里，她铺上一张席子，拉进一个没有灯罩的灯泡，一个炭炉，一个吃饭兼孩子学习两用的小木箱，还有几床破被褥和一些旧衣服，这是他们全部家当。

为了维持生活，妈妈每天早晨 6 点离开家，先去附近的大楼做清扫工作，中午去学校帮助学生发食品，晚上到饭店洗碟子。结束一天的工作回到家里已是深夜十一二点钟了。于是，家务的担子全都落在了大儿子身上。

为了一家人能活下去，母亲披星戴月，从没睡过一个安稳觉，生活还是那么清苦。她这样生活着，半年、8 个月、10 个月……做母亲的哪能忍心让孩子这样苦熬下去呢？她想到了死，想和两个孩子一起离开人间，到丈夫所在的地方去。

有一天，母亲泡了一锅豆子，早晨出门时，给大儿子留下一张条子："锅里泡着豆子，把它煮一下，晚上当菜吃，豆子烂时少放点酱油。"

这天，母亲干了一天活，累得疲惫不堪，实在失去了活下去的勇气。她偷偷买来一包安眠药带回家，打算当天晚上和孩子们一块死去。

她打开房门，见两个儿子已经钻进席子上的破被褥里，并排入睡了。忽然，母亲发现当哥的枕边放着一张纸片，便有气无力地拿了起来，上面这样写着：

"妈妈，我照您条子上写的那样，认真地煮了豆子，豆子烂时放进了酱油。

不过,晚上盛出来给弟弟当菜吃时,弟弟说太咸了,不能吃。弟弟只吃了点儿冷水泡饭就睡觉了。"

"妈妈,实在对不起。不过,请妈妈相信我,我的确是认真煮豆子的。妈妈,求求您尝一粒我煮的豆子吧。妈妈,明天早晨不管您起得多早,都要在您临走前叫醒我,再教我一次煮豆子的方法。"

"妈妈,今晚上您也一定很累吧,我心里明白,妈妈是在为我们操劳。妈妈,谢谢您。不过请妈妈一定保重身体。我们先睡了。妈妈,晚安!"

泪水从母亲的眼里夺眶而出。

"孩子年纪这么小,都在顽强地伴着我生活……"母亲坐在孩子们的枕边,伴着眼泪一粒一粒地品尝着孩子煮的咸豆子。一种必须坚强地活下去的信念从母亲的心里生成出来。

摸摸装豆子的布口袋,里面正巧剩下倒豆子时残留的一粒豆子。母亲把它捡出来,包进大儿子给她写的信里,她决定把它当做护身符带在身上。

十几年的岁月流逝而去,兄弟俩长大成人。他们性格开朗,为人正直,双双毕业于妈妈所憧憬和期望于他们的一流国立大学,并找到了满意的工作。

直到如今,那一粒豆子和信,仍时刻不离地带在这位母亲的身上。

与你共品
yu ni gong pin

本文作者为日本著名散文家铃木健二。文章以荡人心魄的笔触,叙述了一个令人唏嘘不已的故事,读后令人掩卷深思不已。

是啊,人生的路就是这样的艰难曲折,坎坷不平。我们又怎能事先知道有怎样的艰辛会出现在我们的人生之路呢?但只要你具有了一种必生、必胜的信念,相信命运是不会亏待每一位坚强拼搏的人的。

个性独悟
ge xing du wu

　　★第二段说"这是一次非常微妙的交通事故",这"微妙"具体体现在什么地方?这与全文所叙述的故事情节有怎样的关系?

　　★通过第五、六段的叙述,我们知道,母亲每天都在拼命地工作,可她们的生活状态因此而改变了吗?此时母亲的心理活动是怎样的?

　　★文章开篇写"我认识一位视一颗豆粒为自己的生存意义的夫人"。联系全文内容,你如何理解这句话的含义。

　　★读完这篇短文以后,你对文中所描述的哪个人物印象最深,为什么?

快乐阅读
kuai le yue du

老家／···莫小米

　　把过年很当回事儿的人,多半是有老家的。

　　有老家的人过年可以有一个大动作——预订车票机票,购买各式礼品,将手头的一切事情暂告一段落——回老家。

　　无论你在外面混得多么憋气多么窝囊,回老家总有一点儿"荣归故里"的感觉。稍稍混得像个人样,老家的地方志肯定就把你收编了进去。即使真到了头破血流走投无路,自觉无颜见江东父老时,老家还是唯一能接纳你的地方。

　　这两天给朋友打电话,发现很多人都回老家过年或准备回老家过年去了。我没老家,生于这个城市,长于这个城市,而且,我童年住过的那个街角,也恰恰就在上一年被拆除,变为立体交叉桥的一个犄角了。心里不由得羡慕人家有老家。

正在此时，一位昔日好友的母亲来电，说好友昨晚刚从南方飞回。我立即给她去电话。她的令人羡慕的职业早已使她练就一口极标准流畅的国语，而当我在电话里很自然地用普通话与她交谈时(我们在两地挂长途向来如此)，她却毫不犹豫地对我说起方言来。我立即改口，我明白我犯了个错误，此刻她最渴望听到的是乡音。我又明白，对于她，我也是"老家"。

我和她曾共同居住过的城市，如今是她的老家而不是我的老家。

她离开了老家，这才有了老家；我没有老家，是因为我没有离开老家。

我们需要老家，因为老家是一个离开之后方才拥有的地方。老家让我们感觉自己正远走高飞，却不必害怕风筝断了线。老家让我们感觉树高千丈，又随时可以叶落归根。老家是最初的摇篮，又是最终的归宿。是一种挣脱又是一种牵扯，是被祝福又是被等待，是最能唤起愁绪，又最能平顺心情的地方。

对于老家，我们总是既爱它又嫌它，既依恋它又不满意它，没回时远远地牵挂它，回了没几天便忍无可忍急急地离开它——急急地去续那暂时中断的一切。

借用普鲁斯特伤感说法：我们徒然回到我们曾经喜爱的地方，我们绝不可能重睹它们，因为它们不是位于空间中，而是处于时间里，因为重游旧地的人不再是那个曾以自己的热情装点那个地方的儿童或少年。——我们无法真正回到老家。每一次渴望回老家的念头的实现，只不过是匆匆地一回首罢了。

我们可以勇往直前，那样，便无暇回首，也无需回首。

与你共品

yu ni gong pin

作者构思巧妙，自己没老家，是生于本地，长于本地，工作于本地的地地道道的本地人，却写了远在他乡、工作学习在异地的人们对老家的感受，写得情真意切，抓住了人们盼回"老家"的心情。文章写了回老家的意义，老家的博大胸怀，人们对老家的依恋和我们为什么需要老家。阅读时，要很好地把握作者的写作思路。

个性独悟
ge xing du wu

　　★回老家的意义是什么?文中的哪些语句表现了"回老家总有一点'荣归故里'的感觉"?
　　★第六段说"我犯了个错误",请回答我犯了一个什么错误?我犯这个错误的原因是什么?朋友说起方言的原因是什么?
　　★为什么说"我们无法回真正的老家"?

快乐阅读
kuai le yue du

青春无美衣 / ···飘　飘

　　走下楼梯,远远地看见外婆正孤孤单单地站在萧瑟的秋风中,白发和落叶一起飞扬。在空旷的操场上,她瘦弱的身影显得那么的无助与苍老,我心一酸,眼泪掉了下来。

　　外婆是来给我送生活费的,还给我买了一条牛仔背带裤。"这么大的姑娘,也该打扮打扮了,我看别的女孩子都穿,也给你买了一条。不算贵,50块钱。"外婆的眼里流淌着慈爱的笑意。

　　背带裤是我向往已久的,但捧着它时心里却是沉沉的。50块钱!那是外婆拾多少垃圾倒多少个马桶才凑齐的?

　　很小我就能够管得住自己,抵挡小伙伴身上那一件件漂亮衣裳的诱惑,因为我知道自己是和别人不一样的。我很小就没了爸爸妈妈,年迈的外婆独自一人负担我的学习和生活已是万分艰难。

　　十六七岁的女孩,潜意识里总渴望着别人的注目,而我总是失望总是被人忽略被人冷落,只因我身上永远是外婆缝制的土里土气穿也穿不完的灰色的与藏青色的衣服。

永远不能忘记,那天班里要排一个短剧参加学校里的汇演,高中的学生对这种演出已不感兴趣,没人愿意参加。老师在讲台上为难着,我站起来说:"我可以演。"当时班里爆发出的哄笑声,是如何地刺痛了我的心;也不能忘记,有一次和几个同学参加区里的歌咏比赛,训练时那位"以貌取人"的老师把我晾在一边不教,一会儿派我去买冷饮,一会儿叫我去端凉水给他们几个擦脸,把我像个佣人一样支使来支使去,我感到十分难堪与愤怒。

是的,我不漂亮,我没钱买美丽的衣服,买洗发精护肤膏。无论是盛夏或是隆冬,我必须利用每个假日蹬着三轮车给杂货店送货以贴补家用。所以我的头发很黄,皮肤很黑,手指很粗,走路不文雅。可是,可是你们为什么不看看我的心呢?我照样拥有美丽而熠熠生辉的心灵!

那次歌咏比赛我获得了唯一的一等奖,我在如潮的掌声中接过光灿灿的奖杯,面对那位老师惊讶的神色,我在心里一字一顿地重复着"简·爱"的话,泪若泉涌——

"你以为我贫穷、卑微、不美、瘦小,我就没有灵魂,没有心吗?你想错了……"

逆境,可以使人沉沦,也可以使人奋起,感谢我倔强的不服输的个性,它使我在别人看不起我的时候没有自轻,反而因此而奋起。我把自己假想成一个锐不可当的勇士,正站在人生这个大战场上,高举利剑大声呼喊:"让所有的、所有的磨难都来吧!让我来征服你们!"

我的成绩一直是优异的,我的文章发表在校内外的刊物上,我参加市里的中学生辩论赛获得"最佳辩论员"的桂冠,评委们给我的称号是"笑面虎",以至对方辩手说:"我一看见她就害怕。"在学校的庆功会上,校长拍着我的肩,对着话筒说:"这是我们学校的骄傲!"

面对无数双热情赞赏的眼睛,我的心平静如水——是的,这就是现实。一个人可以凭自己容貌和家境让人羡慕,而当你无法拥有这一切的时候,你只能凭自己的努力赢得别人的尊重,否则,你就会永远被人看不起!

每个人都是爱美的,我也不例外。无数次的夜里,梦见清晨起床,惊喜万分地发现被子蒙着一件亮晶晶的白纱裙,梦醒后那种巨大的失望,是一张结实的网,我被网在里面很久爬不出来。

拿到最多的一次稿费是一百元,捏着那笔"巨款",我告诉自己要买一件最漂亮的衣服。穿梭在五彩缤纷的服装一条街,面对那么多美丽的衣服,幻想着每一件穿在自己身上的样子,我的心"突突"地跳着。而就在那时,在烈烈的阳

四

光下,我看见我的外婆,拎着一只塑料袋,正弓着腰跪在地上,吃力地掏着阴沟里的一个矿泉水瓶,汗水,顺着她脸上纵横的"沟渠"流下来,满头的白发,在阳光的辉映下,亮得令我心酸。泪水,一下子涌到我的眼眶里。我飞快地转身,买了一个大冰激凌,递到外婆面前。外婆开心地嗔怪着说:"这得花多少钱啊?孩子,外婆不吃,你吃吧。"我说:"我们还是一起吃吧。"于是一人一口,在路人的侧目中,舔出了笑声和温情。那一瞬间我发现自己其实是多么的幸福,我拥有再多的钱也买不来的真情,我是精神上的百万富翁。

人生没有绝对的事。我在失去的同时也得到了,而且得到的远远比失去的要多。命运一直是这么厚爱我,还有什么好埋怨的呢?

我把那条背带裤卖给了宿舍里的一位女同学,并用这钱买了那本我向往已久的《文化苦旅》,剩下的给外婆买了双保暖鞋——因为一到冬天外婆的脚就会裂口子。

青春无美衣,我并不遗憾。漂亮的衣服可以把女孩子们装扮成一朵花,而我曲折的经历赋予我坚韧、淳朴、勤奋的品质,会使我成为一棵松树。花总有凋谢的时候,而松树却可以长青。

与你共品
yu ni gong pin

　　读罢本文使人悸动,使人感动不已。本文的主人公"我"与同学们是同路人,但同龄而不同命,父母早逝,使她与外婆相依为命。穷人的孩子早当家,谁又能说少年不知愁滋味呢?顺风顺水好行船,但未必锻炼出好水手来。一个人的成长在某种程度上也是此理。文章开篇就给人笼罩上一层悲凉的气氛,"我"的眼泪与白发、落叶,与无助、苍老合二为一,也表现了"我"的懂事。同学们的哄笑,以貌取人的老师,反倒激发了愤怒、奋起,从而完成了一个丑小鸭向白天鹅的奋斗雄心。文题《青春无美衣》颇有新意,具有美衣只是暂时的,如果胸无点墨,美衣也仅是包装一副皮囊,谁可能说青春不是最美的美衣的。尽管你可能有着良好的家境,尽管你衣食无忧,但是文中主人公这种奋斗精神,对外婆的孝心是值得每个中学生朋友学习的。

个性独悟
ge xing du wu

★怎样理解外婆给"我"买牛仔背带裤说的一番话,特别是"不算贵,50块钱"和"我"给外婆买冰激凌,外婆的嗔怪,特别是"这得花多少钱啊"?

★为什么会出现两个"永远也不能忘记"?为什么会使"我"感到"刺痛了我的心""我感到十分难堪与愤怒"?

★作者为什么要说"每个人都是爱美的,我也不例外"?文中写了两处见外婆的白发而落泪,这两处落泪有哪些不同?

★第十四段中"那一瞬间我发现自己其实是多么的幸福",成绩优异,连连获奖,校长表扬,同学赞许,这些"我"还没感到幸福吗?

快乐阅读
kuai le yue du

记 忆 / ···韩少华

你正望着我呢,年轻的朋友——虽然,你与我并没有促膝而谈,可我觉得出,你正望着我的额头,鬓角,端详着岁月留在那上面的痕迹……

你的眼睛仿佛正在询问我:"记忆,是什么?"

医学家说:"健忘症是大脑走向衰亡的征兆。"

道德家说:"忘恩是负义之母。"

佛学家说:"置一切忧喜于心外者,得大自在。"

而革命家说:"忘记过去,就意味着背叛。"

"这说的都是忘却,记忆呢?"你的眼睛,还在问我。

哦,你知道,记忆么,没有重量。它却既可以压得人匍匐在地,又可以鼓舞人在理想的空间飞翔。

　　记忆没有体积。它却既可以让人敞开襟怀去拥抱整个世界,又可以使人的心眼儿狭隘得芥蒂难容。

　　记忆没有色彩。它却既可以使人的心灵苍白、幽暗,又可以让人的内心世界绚丽、辉煌。

　　记忆没有标价。它却既可以让一个人的生命价值上升到崇高的境界,又可以使另一个人的灵魂贬值零以下。

　　……而你,朋友,却执拗地望着我;那微启着的双唇,似乎就要吐出一句:"记忆究竟是什么?"

　　"记忆么,是灰烬。"有人曾这样说,"它燃烧过,可总归要熄灭的。"

　　"记忆是流水。"有人也曾这样说,"它奔涌而来,可也总要消逝到地平线之外去。"

　　"记忆是落花。"有人还曾这样说,"它喷吐过芳香,焕发过光彩,却总不免无可奈何地同春天永别。"

　　其实呢,即便是灰烬,不也尽可以化入泥土,去催发新芽么;即便是流水,到了天尽头,不还能解一解远行人的干渴么,即便是落花,纷纷飘散之间,不恰好透露果实正在孕育的消息么……

　　一个献出自己的芳华,也要向人间启示出"春华秋实"的哲理的人,那枝头硕果就是他赠予耕耘者的甘美的记忆。

　　一个走进沙漠,也肯为狂渴的同行者捧上自己的水囊的人,他就把清醇的记忆留给朋友。

　　一个将自己烧成灰,也要洒向大地,为生存者酝酿着稻谷香的人,他就不会从后人的记忆中泯灭。

　　哦,朋友,关于记忆,请允许我追述两个听来的传说:

　　有个阴谋家,作孽之余,用刑罚和药物毁了所有知情者的记忆力。可他自己,却恐怖得昼夜大睁着一双眼睛。一天夜半,他被自己的影子吓疯了。后来,有位哲学家说:"罪证可以被证人忘掉,而犯罪的记忆却无法被罪人摆脱——正像他不能扔掉自己的影子那样。"

　　有个过路人,在大地震颤的时候,从路边扭歪了的窗口里抢出一个孩子来,就在他把孩子搂在怀里的一刹那,屋梁撞裂了他的颅骨。记忆消失了,嘴角却留存着一丝笑意。后来,有位诗人说:"勇士可以忘掉自己的功勋,而人们却不会忘记勇士欣慰的笑容——那微笑是永恒的。"

　　嗯,只记得个人忧患的,是庸人。

风
不
能
把
阳
光
打
败

忘记了人民疾苦的,是叛徒。

把记忆中的荣耀当做冠冕顶在头上的,是蠢货。

从成功的记忆里提炼警觉的,是智者。

让不幸的记忆压得双膝着地的,是懦夫。

而那忘掉自己的危难,却铭记着他人的艰辛,只为人民的幸福去忘我奋斗的人,才是勇士,真正的勇士!

哦,年轻的朋友,不知我匆匆写下的这些杂乱的意思,可接触到了记忆所蕴含着的真谛了么?

一九八二年春北京

与你共品
yu ni gong pin

"记忆没有重量,记忆没有体积,记忆没有色彩,记忆没有标价。"其实,"记忆是灰烬,记忆是流水,记忆是落花"。记忆究竟是什么?读罢此文,你就能够明白记忆所蕴含的真谛! 原来"记忆"就是我们应以怎样的方式走过我们的人生。

个性独悟
ge xing du wu

★文中的"我"是否年轻? 你从哪里看出来的?

★第三、四、五、六段的内容范围可用文中哪句话概括?

★记忆什么,忘却什么,庸人、叛徒、蠢货、智者、懦夫、勇士,这六种人各有不同,这是由什么决定的?

★什么样的人才能被人们永远记忆?

快乐阅读
kuai le yue du

剪不断的乡愁 / ···琼 瑶

去年年底,"开放大陆探亲"的消息公布了。

这消息像一股温泉,乍然间从我心深处涌现,然后蹿升到我四肢百脉,蹿升到我的眼眶。我简直无法描述那一瞬间的感动。我心底有个声音在喊着:

"39 年! 39 年有多少月? 多少天? 39 年积压了多少乡愁,如今,可以把这些乡愁勾销了吗?"

不敢相信这是事实,但是,陆陆续续有人回乡探亲了! 这居然成了事实! 我太兴奋了,和鑫涛计划着,我们也该去大陆探亲了,鑫涛去红十字会办手续,回来说:

"需要填三等亲的亲人名字和地址! "

一时间,我们两个都弄不清"三等亲"包括哪些人,以及我们是否有这项"资格"。激动中,我冲口而出。

"故国的山,故国的水,故国的大地泥土,和我们算是几等亲? 我们要是几等亲? 我们要探的亲,不止是'人'呀! "

不过,我毕竟不需担忧,因为我和鑫涛分别都有舅舅姨妈在大陆,所以,我们很顺利地办好了探亲护照。拿到护照的那一晚,我就失眠了,脑子里奔流着黄河,奔流着长江。不止长江黄河,还耸立着五岳和长城! 鑫涛见我如此兴奋,忍不住提醒我说:

"大家都说大陆的生活很苦。旅行也不像想象中那么方便,至于亲人,经过39 年的隔阂,可能已经相见不相识,这些,你都考虑过吗?"

考虑? 我实在没有认真去考虑过。我只觉得乡愁就越来越深。我想,我这个人和别人是不大相同的。我有个朋友告诉我:

"我也离开大陆 39 年,但是,我不觉得我有什么乡愁!"

这句话使我太惊奇了,我总认为,乡愁对于游子,就像一切人类的基本感情一样,是与生俱来的。不过,有的人来得强烈,有的人比较淡然。我,大概生来就属于感情强烈的一型。连我的"乡愁",也比别人多几分!

计划回大陆的行程时,鑫涛问我:

"你到底要去哪些地方?第一站,是不是你的故乡湖南呢?"

我祖籍湖南,生在四川。童年,是个多灾多难的时代,是个颠沛流离的时代,童年的足迹,曾跋涉过大陆许多的省份。如今,再整理我这份千头万绪的乡愁时,竟不知那愁绪的顶端究竟在何处?是湖南?是四川?是长江?是黄河?是丝绸之路,还是故宫北海?沉吟中,这才明白,我的乡愁不在大陆的任何一点上,而在大陆那整片的土地上!

"可是,你没有时间走遍大陆整片的土地啊!"鑫涛说,"我们排来排去,只可能去 40 天!"

将近 40 年的乡愁,却要用 40 天来弥补。可能吗?不可能的! 我们必须放弃许多地方。湖南,湖南的亲人多已离散,家园中可能面目全非,不知怎的,我最怕面对的,竟是故乡湖南,这才了解古人"近乡情更怯"的感觉。当我把这感觉告诉鑫涛时,他脱口而出地说:

"这也是我不敢回上海的原因!"

于是,我们把行程的第一站定在北京。北京,那儿是我父母相识相恋和结婚的地方,那儿是我祖母和外祖父母居住及去世的地方,那儿,是我历史课本上一再重复的地方,那儿,也是我在小说中、故事中所熟读的地方!那儿有"故都春梦",有"京华烟云"! 还有我那不成熟的——"六个梦"!

于是,我们动身;经香港,去北京。

与你共品
yu ni gong pin

琼瑶,中国台湾著名女作家。

本文作于 20 世纪 80 年代,当台湾允许人们回大陆探亲的消息传来,作者的心情万分激动。全文充溢着一股剪不断的浓烈的思乡之情,感染着无数海外华人的心灵。

在岁月中穿行

个性独悟
ge xing du wu

★贯穿全篇的线索是什么？

★画出文中直接表达作者心声的话，比较一下，哪一句最确切地点明了文章的主旨？

★标题中的"乡愁"改为"乡思"或"乡恋"如何？把"剪不断"换成"忘不了"又如何？

快乐阅读
kuai le yue du

我喜欢的下雨天 / ···沈从文

我最喜欢天上落雨，一落了小雨，若脚下穿的是布鞋，即或天气正当十冬腊月，我也可以用恐怕湿却鞋袜为辞，有理由即刻脱下鞋袜赤脚在街上走路。但最使人开心事，还是落过大雨以后，街上许多地方已被水所浸没，许多地方阴沟中涌出水来，在这些地方照例常常有人不能过身，我却赤着两脚故意向深水中走去。若河中涨了大水，照例上游会漂流得有木头，家具，南瓜同其他东西，就赶快到横跨大河的桥上去看热闹。桥上必已经有人用长绳系定了自己的腰身，在桥头上呆着，注目水中，有所等待。看到有一段大木或一件值得下水的东西浮来时，就踊身一跃，骑到那树上，或傍近物边，把绳子缚定，自己便快快的向下游岸边泅去。另外几个在岸边的人把水中人援助上岸后，就把绳子拉着，或缠绕到大石上大树上去，于是第二次又有第二人来在桥头上等候。我欢喜看人在洄水里扳罾，巴掌大的活鲫鱼在网中蹦跳。一涨了水，照例也就可以看这种有趣味的事情。照家中规矩，一落雨就得穿上钉鞋，我可真不愿意穿那种笨重钉鞋。虽然在半夜时有人从街巷里过身，钉鞋声音实在好听，大白天对于钉鞋，我依然毫无兴味。

　　若在 4 月落了点儿小雨,山地里田塍上各处都是蟋蟀声音,真使人心花怒放。在这些时节,我便觉得学校真没有意思,简直坐不住,总得想方设法逃学上山去捉蟋蟀。有时没有什么东西安置这小东西,就走到那里去,把第一只捉到手后又捉第二只,两只手各有一只后,就听第三只。本地蟋蟀原分春秋二季,春季的多在田间泥里草里,秋季的多在人家附近石罅里瓦砾中,如今既然这东西只在泥层里,故即或两只手心各有一匹小东西后,我总还可以想方设法把第三只从泥土中赶出,看看若比手中的大些,即开释了手中所有,捕捉新的,如此轮流换去,一整天方捉回两只小虫。城头上有白色炊烟,街巷里有摇铃铛卖煤油的声音,约当下午 3 点左右时,赶忙走到一个刻花板的老木匠那里去,很兴奋的同那木匠说:

　　"师傅师傅,今天可捉了大王来了!"

　　那木匠便故意装成无动于衷的神气,仍然坐在高凳上玩他的车盘,正眼也不看我地说:"不成,要打得赌点儿输赢!"

　　我说:"输了替你磨刀成不成?"

　　"嗨,够了,我不要你磨刀,你哪会磨刀!上次磨凿子还磨坏了我的家伙!"

　　这不是冤枉我,我上次的确磨坏了他一把凿子。不好意思再说磨刀了,我说:

　　"师傅,那这样,你借给我一个瓦盆子,让我自己来试试这两只谁能干些好不好?"我说这话时真怪和气,为的是他以逸待劳,若不允许我还是无办法。

　　那木匠想了想, 好像莫可奈何才让步的样子,"借盆子得把战败的一只给我,算作租钱。"

　　我满口答应:"那成,那成。"

　　于是他方离开车盘,很慷慨的借给我一个泥罐子,顷刻之间我就只剩下一只蟋蟀了。这木匠看看我捉来的虫还不坏,必向我提议:"我们来比比,你赢了我借你这泥罐一天;你输了,你把这蟋蟀输给我,办法公平不公平?"我正需要那么一个办法,连说"公平,公平",于是这木匠进去了一会儿,拿出一只蟋蟀来同我的斗,不消说,三五回合我的自然又败了。他的蟋蟀照例却常常是我前一天输给他的。那木匠看看我有点颓丧,明白我认识那匹小东西,担心我生气时一摔,一面赶忙收拾盆罐,一面带着鼓励我神气笑笑地说:

　　"老弟,老弟,明天再来,明天再来!你应当捉好的来,走远一点。明天来,明天来!"

　　我什么话也不说,微笑着,出了木匠的大门,空手回来了。

这样一整天在为雨水泡软的田塍上乱跑,回家时常常全身是泥,家中当然一望而知,于是不必多说,沿老例跪一根香,罚关在空房子里,不许哭,不许吃饭。等一会儿我自然可以从姐姐方面得到充饥的东西。悄悄地把东西吃下以后,我也疲倦了,因此空房中即或再冷一点儿,老鼠来去很多,一会儿就睡着,再也不知道如何上床的事了。

与你共品
yu ni gong pin

本文节选自《从文自传》。沈从文(1902~1988),现代著名作家,代表作长篇小说《边城》《旧梦》,散文集《湘行散记》等。

本文语言平实,用词生动准确,对话和神态描写都极为传神。文中描写了"我"在小学时代与雨天密切相连的故事。赤脚在深水里走到桥上看热闹,小雨中捉蟋蟀,被罚跪;后来偷吃姐姐送来的饭。尤其是斗蟋蟀一段体现孩童时代对大自然的热爱,充满了童趣。

个性独悟
ge xing du wu

★从文章的前部分判断"我的家乡在北方还是南方"?依据什么?

★阅读第一段,用简练的语言概括我喜欢下雨的原因。

★如何理解画线部分句子的含义?

★本文叙述较为详细且精彩的部分是哪些?

本命年／····冯伟林

三十六根彩烛燃亮了；

一只只红酒杯举起来了；

或许是红樱桃煮造的琼浆让我热成了一枚太阳。

烛光蹈影反反复复翻动我曾拥有的三十多个春夏……

故土好穷。那时我家像一滴苦涩的泪。

那年初春，家里连煤油灯都没法点了。哪去找我要上小学的 5 元钱学费，父母在黑暗里长吁短叹了整整一个晚上。

清晨，我破布鞋上缠草绳，踏着残雪，跟在父亲后面，泥一脚水一脚的去向一位富裕的亲戚借钱。第一次看到了世界上最冷的一张脸。

父亲尴尬地摸着我的头说："会有办法，会有办法。"让我回家。傍晚，他一身泥水进屋，喘着粗气，笑嘻嘻地递给我 5 元钱。后来我才知道，父亲是到镇上挑湖泥去了，两百多斤的担子，来回几里地，2 角钱，他挑了数十担。

父亲为此落了个终生哮喘。

时间是块磨刀石，也将日月研磨得亮丽多情。

谁识时间这春之暖风、秋之箭雨？

二十多年后的一天，那个亲戚踌躇在我家大樟树下，一个满身困窘的人，瑟缩在秋风里，他的祖业、骄奢挥霍光了。

父亲把他让进屋，捧给他一杯热茶，一言不发地塞给他 300 元生活费。

贫寒是我生活的第一课，在父亲瘦小的背影上，我初识了宽容。

1978 年 7 月，我 15 岁，参加全国高校第二次统一招生考试，以两分之差落榜。

那天，我没吃一口饭，没喝一滴水，傻呆呆地从上午坐到深夜，一声不吭。忽然，父亲推了推我，说："去！去叫你娘回屋睡。造孽呀，她跪了半夜了！"

我慌忙出门，只见母亲跪在屋前坪里，手里捧着几炷香，遥拜南岳圣帝，口里反复念叨：我儿还小，想读书。天老爷开恩，南岳圣帝显灵，让我儿多读点儿书吧,我们祖祖辈辈没出过读书的人!

顿时,我的泪水夺眶而出,狠狠地用拳头擂着自己的头,咬着牙叫:妈妈!我一定为你争气!在这十多年以后,我作为青年友好代表团成员去日本,看到我的作品陈列在滋贺县的图书馆,一种感悟让我心动。我特地在图书馆门口照了张相,寄给母亲。在相片背后,我写道:感谢妈妈!

岁月,仿佛一杯浓烈的美酒,壮人行色;也让人变成一摊烂泥……

我深深地感谢过去的日子,让我透过墨香,拜会孔子、耶稣、毛泽东……尽管许多时日困扰、羞辱不期而至,我始终没向厄运低下高昂的头颅,始终挺直脊梁感受生活。于是我拓展了健康的灵性、浩荡的意志、庄严的正直,懂得了一个简单而深邃的道理:主宰自己命运的上帝——就是我自己!

建筑小工是我的第一个职业。

每天的定额是挑 30 担红砖上脚手架。那年我 18 岁,个子小,一天下来,累得脚手散了架似的。

第二天,当我挑到 20 担的时候,计量员叫住我:“你的定额满了,是陈帮你挑的。”

陈与我同一个寝室。晚上我替他买了饭菜,他说:“不用谢。你正长身体,别压坏了。”其实他只比我大两岁。

以后,他每天帮我挑 10 担红砖,到我的试用期满。

我和陈在商店看中了一件蓝色夹克衫。那时,我们只有 36 元一个月的工资,这衣价 20 元,显得特别昂贵。我俩身上穿的都是乡下母亲织出的土布呀。我们在柜台边流连,最后,陈说:“干脆我们合起来买,每人 10 元钱,轮着穿。”

于是这夹克衫就穿在了我的身上。那些天,我人前人后走,显得特别精神。三天后,陈也穿上这件衣在同事面前晃来晃去。

星期天,本应是陈穿夹克衫。陈说有事,留在寝室,让我穿夹克衫上街。以后的星期天,他总是借故有事,把衣让给我穿。

后来,我变动了好几个工作岗位,从小镇到大城市,到大机关,朋友来的来,走的走,客厅的沙发上,从来没有空过。但我总忘不了和陈一样众多雪中送炭的朋友。那一丝一点比黄金珠宝更珍贵的关爱,汇聚在心里,使我拥有终生享用不尽的财富,也成就了我人格的魅力,信念的容量!

划过三十六年风浪,我的生命之舟,几时离开过友人、师长的帆与桨?

三十六年,一杯红酒,让我心醉。这酒,是磨难、是亲情、友情酿成。

三十六朵彩烛花，照着我头上已经稀疏的森林，在孩子眼里我正开始变老，在父母的视野我依然是孩子。

于是，我想起穆旦，想起了"站在过去与未来两大黑暗之间，以不断熄灭的现在，举起了泥土、思想和荣耀……"

古人有云：人生七十古来稀。七十年就两万多天，三十六年过去，还有多少天呢？

今人有说：人生就三天，昨天，今天，明天。

我对自己说："昨天涅槃了，今日正青春，好好把握今天，好好珍惜今天，今天是生命的原野，如果是骏马就展现追风逐月的力量奔驰吧！"

1999 年我的本命年。

与你共品

yu ni gong pin

抓住三件事，也就抓住了全篇的神韵，父亲挑泥、母亲长跪、陈的友情，这三件事照亮了我三十六年的人生路，引我来到广阔的生命原野，让生命的骏马驰过生命的界碑，开拓更绚丽的人生画卷！

个性独悟

ge xing du wu

★你认为作者的父亲是怎样的一个人？何以见得？

★"如果是骏马就展现追风逐月的力量奔驰吧"是什么意思？

★作者以"三十六年"为本体，用一组排比句写自己的岁月感受，请你以自己某一年龄为话题写一组排比句，写出自己的独特感受。

感 激 / ···梁晓声

有一种情债叫做感激。

它是很容易被忽略的。人心往往记住些相反的东西。

这时候人就"病"了。

我"病"过。深知那"病"着的感觉很不好。

在 1998 年的岁尾，我心渐生一大片感激，如春草茵茵。

我顿觉此前的一些"病"症，消失了，或减轻了……

我感激我少年记忆中的陈大娘。她常使我觉得自己的少年曾有两位母亲。在我们那个大院我们两家住在最里边，是隔壁邻居。她年轻时就守寡，靠卖冰棍儿拉扯两个女儿一个儿子长大成人。少年的我甚至没有陈大娘家和我家是两户人家的意识区别。经常的，我闯入她家进入便说："大娘，我妈不在家，家里也没吃的，快，我还要去上学呢！"

于是大娘一声不响放下活儿，掀开锅盖说："咯，就有俩窝窝头，你吃一个，给正子留一个。"——正子是他的儿子，比我大四五岁，饭量也比我大得多。那正是饥饿的年代。而我却每每吃得心安理得。

后来我们那个大院被动迁，我们两家分开了。那时我已是中学生，每提前上学，去大娘家。大娘一看我脸色，便主动说："又跟你妈赌气了是不是？准没在家吃饭！稍等会儿，我给你弄口吃的。"

仍是饥饿的年代。

我照例吃得心安理得。

少不更事，从不曾对大娘说过一个谢字。甚至，心中也从未生出过感激。

有次，在路口看见卖冰棍儿的陈大娘受恶青年的欺辱，我像一条凶猛的狼狗似的扑上去和他们打，咬他们手。我心中当时愤怒到极点，仿佛看见自己的母亲受到欺辱……

那便算是感激的另一种方式，也仅那么一次。

我下乡后再未见到过陈大娘。

我落户北京后她已去世。

我写过一篇小说《长相忆》——可我多愿我表达感激的方式不是小说,不是曾为她和力不能抵的恶青年们打架,而是执手当面地告诉她——大娘……

1962年我的家迁入了另一个区另一条街上的另一个大院。一个在1958年由女工们草草建成的大院。房屋极其简陋。九户人家中七户是新邻居。

它是那一条街上邻里关系非常和睦的大院。

这一点不唯是少年的我的又一种幸运,也是我家的又一种幸运。邻里关系的和睦,即或在后来的"文革"时期,也丝毫不曾受外界的骚扰或破坏。我的家受众邻居帮助多多。尤其在我的哥哥精神分裂以后,倘我的家不是处在那一种和睦的互帮互助的邻里关系中,日子就不堪设想。

我永远感激我家当年的众邻居们!

后来,我下乡了。

我感激我的同班同学杨志松。

他现在是《大众健康》的主编。在班里他不是和我关系最好的同学,只不过是关系比较好的同学。我们是全班下乡的第一批。而且这第一批只我和他。我没带褥子,与他合铺一条褥子半年之久。亲密的关系是在北大荒建立的。有他和我在一个连队,使我有了最能过心最可信赖的知青伙伴。当人明白自己有一个在任何情况之下都绝不会出卖自己的朋友的时候,他便会觉得自己有了一份特殊的安全感。实际上他年龄比我小几个月。我那时是班长,我不习惯更不喜欢管理别人。小小的权力和职责反而使我变得似乎软弱可欺。因为我必须学会容忍制怒。故每当我受到挑衅,他便往往会挺身上前,厉喝一句是——"干什么?想打架吗?!"

我也感激我另外的三个同班同学王嵩山、王志刚、张云河。他们是"文革"中的"散兵游勇",半点儿也不关心当年的"国家大事"。下乡前我为全班同学做"政治鉴定",力陈他们其实都是政治上多么"关心国家大事"的同学,唯恐一句半句不利于肯定他们"政治表现"的评语影响他们今后的人生。为此我和原则性极强的年轻的军宣队班长争执得面红耳赤。他们下乡时本可选择离哈尔滨近些的师团。但他们专执一念,愿望只有一个——我和杨志松在哪儿,他们去哪。结果被卡车在深夜载到了一团——最偏远的山沟里。

他们的到来,使我在知青大群体中,拥有了感情的保险箱。而且,是绝对保险的。

在我们之间,友情高于一切。时常,我脚上穿的是杨志松的鞋;头上戴的是王嵩山的帽子;棉袄可能是王志刚的;而裤子,真的,我曾将张云河的一条新棉裤和一条新单裤都穿成旧的了。当年我知道,在某些知青眼里,我也许是个喜欢占便宜的家伙。但我的好同学们明白,我根本不是那样的人。他们格外体恤我舍不得花钱买衣服的真正原因——为了治好哥哥的病,我每月尽量往家里多寄点儿钱……

对于我,仅仅有友情是不够的。我是那类非常渴望思想交流的知青。思想交流在当年是很冒险的事。我要感激我们连队的某些高中知青。和他们思想交流使我明白——我头脑中对当年现实的某些质疑,并不证明我思想反动,或疯了。如果他们中仅仅有一人出卖了我,我的人生将肯定是另外的样子。然而我不曾被出卖过。这是很特殊的一种人际关系。因为我与他们,并不像与我的四名同班同学一样,彼此有着极深的感情基础。在我,近乎人性的分裂——感情给我的同班同学,思想却大胆地向高中知青们敞开,坦言。他们起初都有些吃惊,也很谨慎。但是渐渐地,都不对我设防了。

"九·一三"事件以后,我和他们交流过许多对国家,当然也是对我们自身命运的看法。

真的,我很感激他们——他们使我在思想上不陷于封闭的苦闷……

凡三十余年间,我和我的同学们,仿佛在感情上根本就不曾被分开过。故我每每形容,这是我人生的一份永不贬值的"不动产"。

我感激木材加工厂的知青们——当我被惩处地"精简"到那里,他们以友爱容纳了我,在劳动中尽可能地照顾我。仅半年内,就推荐我上大学。一年后,第二次推荐我。而且,两次推荐,选票居前。对于从团机关被"精简"到一个几乎陌生的知青群体的知青,在一般情况下是根本没指望的。若非他们对我如此关照,我后来上大学就没了前提。那时我已患了肝炎,自己不知道,只觉身体虚弱,但仍每天坚持劳动在最艰苦的出料流水线上。若非上大学及时解脱了我,我的身体某一天肯定会被超体能的强劳动压垮……

我感激复旦大学的陈老师。这位生物系抑或物理系的老师的名字我至今不知。实际上我只见过他两面。第一次在团招待所他住的房间,我们之间进行了一个多小时的谈话,算是"面试"。第二次在复旦大学。我一开学就住进了复旦医务室的临时肝炎病房。我站在二楼平台上,他站在楼下,仰脸安慰我……

任何一位招生老师,当年都有最简单干脆的原则和理由,取消一名公然嘲笑当年文艺现状的知青的入学资格。陈老师没那么做。正因为他没那么做,我才有幸成了复旦大学的"工农兵学员"——而这个机会,对我的人生,对我和文学的关系,几乎是决定性的。

如果说,我的母亲用讲故事的古老方式无意中影响了我对故事的爱好,那么——崔长勇、木材加工厂的知青们、复旦大学的陈老师,这三方面的综合因素,将我直接送到了与文学最近的人生路口。他们都是那么理解我爱文学的心,他们都是那么无私地成全我。如果说,在所谓人生的紧要处其实只有几步路这句话是正确的,那么他们是推我跨过那几步路的恩人。

还有许许多多许许多多我应该感激的人,真是不能细想,越忆越多。

我回头向自己的人生望过去,不禁讶然,继而肃然——怎么,原来在我的人生中,竟有那么多那么多善良的好人帮助过我,关怀过我,给予过我持久的或及时的世间友爱和温情吗?

我此前怎么竟没意识到?

这一点怎么能被我漠视?

没有那些好人,我将是谁? 我的人生将会怎样? 我的家当年又会怎样?

我这个人的人生,却实际上是被众多的好人、是被种种的世间温情簇拥着走到今天的啊!

我凭什么获得如此大幸运而长久以来麻木地似乎浑然不觉呢?

亏我今天还能顿悟到这一点!

生活,我感激你赐我如此这般的人生大幸运!

我向我人生中的一切好人三鞠躬!

让我借歌中唱的一句话,祝好人一生平安!

我想——心有感激,心有感动,多好! 因为这样一来,人生中的另外一面,比如嫌恶、憎怨、敌意、细碎芥梗,就显得非常小气,浅薄,和庸人自扰了……

再祝好人一生平安!

与你共品
yu ni gong pin

这是一篇叙事散文。梁晓声以人生的经历,告诉人们一个生活哲理:人不要忘记感激。多么深刻,又富有哲理。人们同生活在一个地球,同在一片蓝天之下,人人为我,我为人人;梁晓声就是在人们的帮助、人们的友情、人们的爱之中,幸运地成长、生活。作者以议论"感激"开篇,以典型事例作依据,以抒情的笔调阐明感激之重要。真真切切,不加任何修饰。读之有趣、回味无穷。

个性独悟
ge xing du wu

　　★"感激"一词什么含义?阅读全文之后你认为作者以"感激"为题目用意是什么?

　　★作者认为这时候人就"病"了,"这时候"指什么?"病"加引号起什么作用?作者对"病"怎样评价?

　　★作者用浓重的笔墨,叙述、描写了知识青年上山下乡的生活,他择取几个典型材料?这些事例阐述了作者一个什么共同点?

　　★作者反省自己,顿悟人生"感激"的重要,作者感想是什么?你的感想又是什么?

快乐阅读
kuai le yue du

永远的痛 / ···为 真

14 岁那年,一场意外的车祸把我推到死亡的边缘。我听见有人在唤我的名字,我还听见急促的脚步声和一个女人的说话声,她说大概是脑震荡,快到医院急救吧……不知过了多久,我听到了母亲的哭声,接着我听见有人说了句:"她已经昏迷一个小时了。"

天黑的时候,我终于醒了,开始感觉疼痛。我受伤的部位是头部,凹陷性骨折,从我的父母、熟人看我时的表情上我知道,他们最担心的是我可能变傻。

那时离高考只有一年的时间。

接下来的日子便是吃药、打针、挂盐水,父母轮流陪着我,他们阴郁着脸,使我疼痛的心灵更加绝望。我也渐渐地知道了车祸的原因,县物资局一辆载着超长钢筋的货车在转弯时因速度过猛, 长长的钢筋摔向了坐在另一辆车上的我……每天都有人拎着东西来看我,他们怜悯地看着我,陪母亲叹息几声,留下一袋水果、二瓶罐头、四袋奶粉什么的。

我躺在床上,一个人的时候,就用被子捂着头,偷偷地哭。我不需要水果,也不要罐头,我多希望有人能微笑着告诉我,放心吧,你不会有事的,一点儿事也没有!

半个月后,我终于可以自己走动了,可以呼吸阳光下清新的空气了。我试着背记学过的外语单词,可昏沉沉的脑中却常常是一片空白,我真的失去记忆了吗?我不敢想象假如因此不能考上大学,我会有怎样的一种结局。父母阴郁着脸,我知道他们一直在默默地观察我,他们一定觉得我已经高考无望,他们所有的寄托都将化为泡影。

我开始有意无意地躲着我的父母,我想假如我因此考不上大学,我一定会在一个朝霞灿烂的黎明,悄悄地离家出走,受再大的苦难,也将与我的家人无关。我不想再看到父母阴郁的脸。

没有人向我提及这场车祸的处理结果。偶尔,我能从父母的叹息中听到"赔偿"的字眼。县物资局的人从没有来看过我。

转眼一个月过去。一天,医生忽然笑着说我可以出院了,尽管我的头依旧会隐隐作痛,但我仍然欣喜若狂,那时我只想立刻飞到学校,我要证明给所有人看,我没有变傻,我依旧是原来的我。然而父母却不同意,母亲说孩子的头部骨折处还凹陷着,怎么就叫好了呢?医生说那是永远无法复原的。

那天晚上,父母把我叫到一块草坪,父亲说医生就要对你会诊了,有什么不舒服一定得说。我说没什么,都好了。母亲说,明明骨折没复原,怎么就好了呢?难道就没有后遗症吗?那是头啊!

风吹过我的脸,我觉得凉凉的。我低下头,轻声咕咕了一句,你们怎么巴不得我没好?

空气一下子凝固了。父亲吃惊地望着我,过了好一会儿我才听见母亲长叹一声说,好吧,反正受伤的是你,怎么说也随你,你父母都老了,也管不了你一生一世。

会诊那天来了好多人。检查,测量,然后一位老医生和蔼地问我,头还昏吗?我瞥了站在人群后面的父母一眼,他们正期望地看着我。还昏吗?老医生又问了一句。我终于摇了摇头。

两天后,我出院了。

一年后,我如愿考上大学。车祸的事渐渐地被锁进流逝的岁月中,没人再提。然而,随着年龄的增大,特别是阴雨天,我的头部总有隐隐的疼痛,那没有复原的骨折已让我无法忘却那场车祸。我不得不开始思考,这会不会就是后遗症呢?那场车祸对我的记忆真的没有损伤吧?假如没有那场车祸,我的人生之路又会怎样呢?我也知道一切的思考都没有意义了,还有谁会对15年前的事负责呢?

父母也已老了,再没有力量过问我的事。有一年在我回家探亲的时候,无意中在柜子里的一个陈旧的笔记本中看到一封15年前的信,落款是我父母的签字。信是给县物资局的,除了要求他们能严肃处理车祸的肇事者外,我的父母还希望他们能考虑这场车祸对孩子未来造成的影响,并要求给予一定的赔偿,赔偿额写着是 150 元。

到那时我才知道,因为我的原因,连 150 元的赔偿要求也被拒绝了。

与你共品

yu ni gong pin

　　一场车祸种下了对父母误解的种子。一个尘封的笔记本,消除了流年忧伤记忆,理解了父母对女儿的爱,对正义的追求。本文选材新颖,感受独特。

个性独悟

ge xing du wu

　　★在我病痛在床时,我最希望得到的是什么?

　　★通读全文,当年我的"摇头"就是拒绝"我"留有后遗症的说法,今天想来,我拒绝掉的是什么?

　　★为什么标题叫"永远的痛"?

老师的吻 / ···周健 译

查理·罗斯在 1901 年读高中毕业班时是最受老师宠爱的学生。他的英文老师是蒂莉·布朗小姐，年轻、漂亮、富有吸引力。

大家都知道查理颇得布朗小姐的青睐，由于布朗是校园里最受欢迎的教师，这就给查理心理上带来许多压力。

查理必须勤奋学习以捍卫"老师的宝贝"这一称号，他得比其他同学多读多学一点儿才成。尽管如此，别人还是在背后取笑他，他们说，查理将来若不成为一个人物，布朗小姐是不会原谅他的。

正如你所想象的，查理后来真的成了一个了不起的人物，这大概与毕业典礼上发生的事情密切相关。毕业祝辞完毕后，开始发毕业证书，当查理走上台去领取毕业证书时，受人爱戴的布朗小姐站起身来，出人意外地向他表示了个人的祝贺——她当众吻了查理！

不错，查理曾作为学生代表在毕业典礼上致告别辞，他也曾担任过学生年刊的主编，他也曾是"老师的宝贝"，但这就足以使他获得如此之高的荣耀吗？

毕业典礼之后，人们本以为会发生哄笑、嚣叫、骚动，结果呢？却是一片静默和沮丧。许多毕业生，尤其是男孩子们，对布朗小姐这样不怕难为情地公开表达自己的偏爱感到愤恨。有几个男孩子包围了布朗小姐，为首的一人质问她为什么如此明显地冷落别的学生。

布朗小姐并不惊慌，她说查理是靠自己的努力赢得了她特别的赏识，如果其他人有出色的表现，她也会吻他们的。她说她是不会食言的。

如果说这番话使别的男孩感到好受些，它却使查理·罗斯感到更大的压力。他已经引起了别人的嫉妒，更是少数坏学生攻击的目标。他决心毕业后一定要用自己的行动证明自己值得布朗小姐送给他的吻。

毕业之后的几年内，他异常勤奋，先进入了报界，后来终于大出风头，他被亨利·杜鲁门总统亲自任命为白宫负责出版事务的首席秘书。

现在看来,查理·罗斯被挑选担任这一职务绝非偶然。原来,在 1901 年毕业典礼上带领那群男生包围布朗小姐并告诉她自己感到受冷落的男孩子正是亨利·杜鲁门本人。布朗小姐也正是对他说过:"去干一番事业,你也会得到我的吻的。"

因此,毫不奇怪,查理·罗斯就职后的第一项使命就是接通密苏里州独立城蒂莉·布朗小姐的电话。罗斯向她转述了美国总统的问话:您还记得我未曾获得的那个吻吗?我现在所做的能够得到您的评价吗?

 与你共品
yu ni gong pin

嫉妒是个怪物。鼠辈的嫉妒产生攻击、破坏和仇恨;强者的嫉妒却能演化为竞争、友谊和进取的动力。

文章把一件极平常的事写得曲折生动,耐人寻味。事件的发生与发展写得扑朔迷离,结尾才抖开"包袱",显现主题;不直接地评价人物的是非曲直,却又处处流露作者的是非观点;无意着力描写人物形象,读者却能感触到人物的神情风貌;没有艳词警句,只有平实晓畅的叙述,却能发人深省。

个性独悟
ge xing du wu

★从全文的整体来看,评价布朗小姐的三句话的作用是什么?

★第六段中,为首的一个质问她(布朗老师)的学生并不仇视得到"老师的吻"的同学查理·罗斯。请从文章中找出这样说的依据。

作文链接
zuo wen lian jie

人生路上的脚印 / ···佚 名

洁白的雪花飞满天,白雪铺盖着我的校园,漫步走在这小路上,脚印留下一串串……有的直,有的弯,有的深啊,有的浅,朋友啊想想看,道路该怎么走?洁白如雪的大地上,该怎样留下脚印一串串,留下脚印一串串……

"朋友啊想想看,道路该怎么走?洁白如雪的大地上,该怎样留下脚印一串串。"我低声吟诵着《脚印》歌词的最后几句,不禁感慨万分。脚印,平凡的脚印,又是多么令人回味的脚印啊?人生路上的脚印,为什么有好有劣,有深有浅?我怎样在人生道路上留下深深的美好的脚印?

我思索着。渐渐地,我想起伟大的革命导师马克思留在伦敦图书馆的脚印,那正是他一生留在世上的脚印中最有代表性的。青年马克思为了人类的解放,为了世界人民的幸福,立志献身于共产主义的壮丽事业。他博览群书,废寝忘食,在图书馆留下一串串脚印,终于,1848 年,《共产党宣言》问世了,这是马克思主义诞生的标志,为世界无产阶级的革命斗争指明了航向。后人常去瞻仰他留下的脚印。然而人们心中更敬佩他在人生道路留下了一串串深深的脚印。

优秀共青团员张海迪大姐姐的事迹大概是人人知晓吧。她之所以取得这样大的成绩,是她刻苦学习的结果。她在用汗水浸透的人生道路上留下了一串串深深的、艰难的、美好的脚印。

我想着,想着,想起了自己。我正值 13 岁的黄金时代。再过一年就要告别这美好的少年时代进入那如火如荼的青春时期。这也算我在人生道路上跨出了小小的一步,我留下了怎样的脚印呢? 我慢慢回顾起来。

小学三年级之前,我一直是班长,那时,我天真无邪,整天帮助一些成绩较差的同学学习,在他们的作业本上、试卷上留下了我的汗水。可我太凶,他们中一些人不感谢我,还有些讨厌我,也许我在这段时间里没有在同学们上学的路上留下美好的深深的脚印。三年级的暑假,妈妈辅导我自学,经过考试直接升入五年级。在我学习的地方留下了艰难的、深深的脚印。

进中学后,我体育达不到标准。于是我天天坚持长跑,在学校操场上留下了深深的脚印。终于,我达到了锻炼标准。

回想着这一切,我在已走过的短短的人生道路上留下的脚印有深有浅。但今后的路很漫长,我要像那些有远大抱负,在人生路上和历史上留下深深的美好的脚印的人那样,在学校,在工作岗位,在我一生道路上留下深深的、美好的脚印。

【简 评】 Jian ping

文章叙议结合,阐明了人生奋斗的道理。本文两大突出的优点值得大家学习、借鉴,它们是:

一、以歌词开头,引发思考,转入正题,不仅形式新颖,而且内容相联,话题的引出和转移相当自然,整个不露一点儿造作的痕迹,可见构思的巧妙。

二、论述纵横开阔,收放自如。引述材料,列举名人事例,很有代表性和说服力。

父亲节是不能忘记的 / ···戴文静

时代进步了,西方的节日像洪水一般涌入中国。情人节、母亲节、圣诞节时常被人们挂在嘴边,唯独冷落了父亲节。

也许人们忘了,也许人们忽视了,也许人们从未注意过,在漫天纷飞的贺卡中唯独少了寄给父亲的,在一声声情意绵绵的祝福中唯独少了给父亲的,父亲的宽容,父亲的大度包揽了一切,从未计较过什么。但当我望着父亲斑白的鬓发,眼角的鱼尾纹,佝偻的身影,我又感到一丝愧疚。

曾几何时,我总是在父亲面前撒娇。幼时每逢十月一日灯展,父亲总是义不容辞地承担了我的重量,让我骑在他的脖子上"鹤立鸡群",将外滩秀丽的景色一览无遗。父亲在人海中使出浑身的解数,孤军奋战在人潮中。动人的情景

四

至今仍清晰地印在我的脑海中。

曾几何时，当我受了委屈，父亲那宽厚的胸膛是我避风的港湾。年少气盛的我，不谙世情，倔强的性格使我处处碰壁。此时父亲微笑着轻轻拭去我脸上的泪珠，和我侃侃而谈。谈人与人之间的关系，谈人生的意义，抚慰我的伤口，告诉我人是为了什么而活着。

曾几何时，当我陷入莫名的情结时，父亲为我举起了导航灯，引导我走出恼人的漩涡，重新鼓起勇气站在竞争的起跑线上。

曾几何时，父亲夹杂在烦人的家庭矛盾中，面对妻子和母亲两面"攻心"，竭力支撑、维持着这个家。从早饭、中饭中省下来的私房钱全部寄到乡下贫苦的哥哥那儿，自己却从不舍得添一件新衣，单位的同事都快把他当成"老古董"了。

当人们高唱母亲的赞歌时，我想到了父亲，难道我们能忘记父亲吗？

父亲是伟大的，我爱我的父亲，但我又不曾表白，如果再失去父亲节这么一个机会，留下的恐怕就不只是遗憾了。

有人说过：小时候父亲是万能，青年时父亲是古董，中年时父亲是多余，老年说得最多的就是"当年，我父亲说……"

为什么拥有时不知道珍惜，到失去了才感到他的宝贵？抓住时机，在今年6月份第三个星期天，买上一束康乃馨，捎上一张贺卡，送上自己的爱心，说一声：父亲，我永远都不会忘记你！

【简　评】
jian　ping

本文的题目即中心论点，写作的笔调富有感情，类似议论性散文。文章一、二两段为引论，提出了论题，也用较为含蓄的表达方式提出了论点。从第三段到倒数第二段，为本论。第四段以"曾几何时"开头的排比段，列举父亲的恩情，以证明不可冷落父亲。接下去的三段，证明不可忘记父亲节。本文有较为强烈的个性色彩，结合自身体会进行议论，具有一定的说服力。

想起那些旧时光/···龚 月

　　时间过得真快,中考过去了,我们也告别了三年的初中生活。回头张望,依稀寻着过去的痕迹,记忆仿佛筛过一般,学习中苦痛不快的经历全忘了,只剩下友情的余温和老师的微笑,那是三年的情谊啊!

　　昨天,我难抑思念之情,和好友回到了母校。传达室的老爷爷在烧开水,看见我们就笑了,并放我们进去——他还是认得我们的。

　　学校还是老样子,不过人去楼空,偌大的车库内已没了自行车,摞满了旧木桌,风吹起了车库内厚厚的尘土,眯了我们的眼。我们径自穿过操场去小卖部,操场上有人在打篮球,挥汗如雨,很努力。操场边的高树伸展着枝叶,尽量为他们营造树阴。多熟悉的场景,三年来,几乎天天有人在操场上打篮球。清早上学,可以看到他们在跳跃着,奔跑着;放学后,可以看到他们抱着球奔向操场, 在夕阳金色的余晖下拉长身影⋯⋯可现在的人影是陌生的。使劲儿摇着头,揉着眼,总觉得看得不真切,校园就像一个熟悉的陈列品,隔着玻璃,不能真正触摸到它,拥有它。自己终究是这儿的"外人"了。到了小卖部,我们买了两瓶冰红茶,记得以前这是每天下午一个半小时枯燥辅导课的必备品。上课时,喝茶的咕咚声一片,很过瘾。但每次班主任准时在 6 点到班里,准备开始第二堂超长时间"辅导"时,班上一大半人早跑去上厕所了,班主任也无可奈何。

　　我们上了楼顶。平日里这是个人迹罕至的地方,我们在初三下半学期发现了这个被人遗忘的角落。初三的压力很大,可我们却常常在下课后跑上楼顶,鸟瞰楼下操场乱成一锅粥,笑那些搬牛奶的把牛奶溅了一身⋯⋯楼顶上风很大,很凉快,我们尽情地吹着风,让风塑出我们的模样,我们的心情留在母校永远的楼顶。

　　这个楼顶承载着我们初三近三个月的喜怒哀乐。我们在楼顶上演过莎士比亚的《驯悍记》,很痛快又很痛苦地说着里面蔑视一切的台词;我们曾在体育课逃上楼顶,一边吮着冰棒,一边认真地读书学习。我们在楼顶上无话不谈,楼顶知道我们所有的心事。

　　下了楼顶,我们踏着沉重的脚步迈进了初三(2)班的门。风扇大开,墙刷得白白的,黑板刷得黑黑的,教室里摆着新的桌凳,一派新气象,可我们留下的痕迹是抹不去的。这不,好友指给我看:"墙上的小洞是我用钉子钉的,那时用来挂伞。"好友摸着墙上的小洞,面露心疼之色。是心疼自己损坏的公物,还是心疼工匠拔掉了她辛辛苦苦钉上的钉子?我坐在曾经的座位上看着黑板。很难得,我的位置三年未变动过,周围的人换来换去,我却守着我的"宝座"从未动摇,想想真是奇迹。这时才注意到教室里的闷热,把顶楼的教室比作蒸笼毫不为过。特别是考试前那段时间,背上都热出了痱子,妈妈道:"蒸的。"从早到晚,教室的地上总是水汪汪的,每天六桶纯净水一半耗在了地上。老师曰:"蒸发吸热,汝等聪慧,学以致用,吾甚欣慰。"我想着想着,笑了。

不知是谁说过:"时光荏苒,美好的一切都过去了,就算我们老去,还有记忆,也要畅想过往。"我们年轻,对于我们,过往远没有未来重要。而对于过往,每一次回忆,都是一场洗礼。还我们澄清的心境,将勇气和力量填满身躯。不再烦恼,不再彷徨,为藏在心里每一个美丽的希望继续前进。

【简 评】
jian ping

小作者写了读者很熟悉的回忆类文章,旧时"挥汗如雨"的篮球场、承载"所有心事"的楼顶、学习生活过的教室,在小作者眼里都是那么的既"远"又"近"。想必只有经历过一场"喜怒哀乐"洗礼的人才能体悟到"成长"的道理,才能从中汲取勇气和力量。总结过去,继续前进,这也是我们每个人面对人生应持的态度。

仔细读罢文章才发现作者的心境原来是如此的"澄清",值得读者学习。

感悟生命 / ···邱 露

生命像一根透明的丝线,一端系着昨天的眼泪和欢笑,时光的指针牵扯着另一端,又迎来了明天的失败和成功。丝线的一端是昨天,另一端是明天,站在两端之间,我们才知道:因为生命,我们才会拥有"今天",因为"今天",我们的生命才得以延续。

岁月的车轮载着我走过了 14 个春秋,生命的字典把"今天"译为"昨天",又把"明天"译为"今天"。

走在大街上,偶尔遇到妈妈的同事,他们惊奇地说:"哎哟,邱露,长这么高了,超过你妈妈半头了!"我这才下意识地和妈妈一比,真的哟!

回家对着镜子瞧瞧,那张带着稚气的脸上似乎多了几分成熟的痕迹。

不知从何时起,我和爸妈的意见竟有了分歧,不再像小绵羊似的服从父母,常为一件小事让爸妈生气,虽然如此,我却越来越感觉到爸妈无私的爱。

不知从何时起,我对老师有了更深刻的理解。从老师那浅浅的笑容中,读出了关怀;从老师夹在青丝间的白发上,读出了艰辛。我不再在作业中故意写两个错字考查老师的眼力,我常常被老师的谆谆教诲所感动,因为我知道老师很辛苦。

不知从何时起,我对烧烤的感情渐渐淡了,吸引我的是书架上的文学名著,是服装店模特身上华丽而昂贵的时装。虽然买不起,总想看一看,试一试。

得了什么大奖,我只是淡淡一笑,不再像孩提时得"红花孩子"那样活蹦乱跳。

不再被《啄木鸟》迷得如醉如痴,常被《雾都夜话》感动得热泪盈眶。

不再摇着脑袋唱《小螺号》,却沉醉于《二泉映月》中,与阿炳共同体味那份凄凉和悲哀。

生命像光的射线在延续,我对延续的生命充满向往,对神奇的生命充满自信。

让生命的射线延伸到浩瀚的苍穹,在人们的心中留下一道永恒的记忆。

【简 评】

作者从生命的延续,即自己的成长切入,从外到内,由浅入深地解读生命,烙上自己成长的印痕,也映射出青少年成长的特点。文章真实、具体、感情表达得细致而又深刻,有一定的意义。